图说名人

《图说名人》编委会　编著

罗斯福

“联合国”之父

FRANKLIN D.ROOSEVELT

Lianheguo Zhifu

南海出版公司

图书在版编目（CIP）数据

“联合国”之父——罗斯福 / 《图说名人》编委会编著. -- 海口 ：南海出版公司，2015.9（2024.8重印）

ISBN 978-7-5442-7984-0

Ⅰ. ①联… Ⅱ. ①图… Ⅲ. ①罗斯福，F.D.（1882~1945）－传记 Ⅳ. ①K837.127=51

中国版本图书馆CIP数据核字（2015）第204943号

LIANHEGUO ZHIFU——LUOSIFU

“联合国”之父——罗斯福

编　　著　《图说名人》编委会
责任编辑　张蕾
出版发行　南海出版公司　电话：（0898）66568511（出版）
（0898）65350227（发行）
社　　址　海南省海口市海秀中路51号星华大厦五楼　　邮编：570206
电子信箱　nhpublishing@163.com
经　　销　新华书店
印　　刷　天津旭丰源印刷有限公司
开　　本　787毫米×1092毫米　1/16
印　　张　7
字　　数　80千
版　　次　2015年12月第1版　　2024年8月第3次印刷
书　　号　ISBN 978-7-5442-7984-0
定　　价　36.00元

前言

TUSHUOMINGREN

富兰克林·罗斯福（Franklin Roosevelt）(1882.1.30—1945.4.12)，美国杰出政治家，美国第三十二任总统，也是美国历史上唯一连任四届的总统，任期达十二年之久。富兰克林·罗斯福出生在纽约哈得逊河畔一个殷实、富有、显贵的荷兰后裔家庭里。幼年时在父母的浓厚关爱中度过。父母常带他去欧洲旅游，使他不仅开阔了眼界而且学会了法语、德语。

罗斯福十四岁时入格罗顿公学，十八岁时入哈佛大学，在此获文学学士学位，二十二岁进入哥伦比亚大学学习。1905年3月，罗斯福与时任美国总统的西奥多·罗斯福的侄女结婚，总统亲自出任证婚人。1913年任海军部副部长。1921年因患脊髓灰质炎（俗称小儿麻痹症）致残。1928年任纽约州州长。1932年竞选总统获胜。罗斯福是在经济危机最严重的时候临危受命。罗斯福从整饬金融开始，在被称为“百日新政”的1933年3月9日至6月16日的短时间内，制定了十五项重要立法，并由此使美国的工业、农业逐渐全面恢复。他迅速地推行新政，在社会保障、社会管理和社会控制方面采取了有效措施。1936年，在第一个任期终了时，美国国民收入增长了50%。罗斯福把新的观念、新的勇气和新的自信赋予了美国，并使美国重获控制自己命运的能力。罗斯福执政之前，美国几乎每隔二十年就发生一次经济危机。新政成了资本主义经济的安定剂，它有效地防止了国家受到持续半世纪之久的经济危机的危害。通过新政，美国完成了资本主义自救。罗斯福帮助美国人重新获得了自信。

历史学家和政治学家们一致认为，罗斯福同华盛顿、林肯一样，是美国最伟大的三位总统之一。

目录

CONTENTS

学生时代

步入政坛

身残志坚

进军白宫

战争考验

海德公园的童年

富兰克林·德拉诺·罗斯福出生在一个寒冷的早晨，那天，哈德逊河的河面因结冰而呈现一片灰白，沿河的树叶也都凋落了。在那栋可以从西面窗户俯视绵延到河边的山丘的大房子里，罗斯福的家人却无心注意这季节的景观，他们个个神色肃穆地穿梭来去。男主人、医生、护士和仆人们都在悄声低语。

“先生，我真没想到这个小男孩居然能够活着出世!”护士向詹姆斯·罗斯福坦言说道。

萨拉·德拉诺·罗斯福躺在有着高大床头板的桃花心木床上休息，她使用了过量的哥罗仿麻醉药，好一段时间情况都很危急。现在，她和婴儿均已脱离危险，这个出生于1882年1月30日的孩子，正和他的母亲一样安静地休息着。

詹姆斯·罗斯福先生在描述他妻子的日记中记载：“8点45分，我的萨拉产下一个相当重的男婴，他不穿衣服就有10磅重。”

他在空白的西联电报纸上给因上次婚姻而生的儿子罗西写道：“萨拉生了一个壮小子……她经历了一段非常艰苦的时光。”

这个消息不是用电报拍发的，而是医生在回波福克西的路上顺便把这电报纸带到罗西家里的，因为罗西就住在南边的隔壁。

名人名言

失败固然痛苦，但更糟糕的是从未去尝试。

——西奥多·罗斯福

孩子的母亲萨拉·德拉诺·罗斯福是詹姆斯·罗斯福的第二任妻子。当时她只有二十七岁，和她的继子罗西年龄相仿。詹姆斯本人则有五十四岁了，他不知道岁月还能允许他教导这个次子的时间有多久。

残冬消逝，春天的脚步越来越近，地面上的积雪开始融化了，最后一些凹凸不平的冰块也顺着哈德逊河漂流而下。萨拉·德拉诺·罗斯福这时已经能够起床活动，她花了许多时间来照顾她的第一个，也是唯一的一个孩子。

“这孩子身体健康，脸色红润，是多么可爱啊！”她说道。虽然一直有婴儿保姆来照顾孩子，还有其他佣仆的帮忙，她仍然坚持亲自为孩子洗澡、穿衣服。

海德公园一角

父母为这孩子取的第一个名字叫沃伦，是取自萨拉的父亲之名，但是当他们征询萨拉新近丧子的哥哥沃伦·德拉诺——另一位沃伦的意见时，他对他们说道："如果你们依父亲之名为你们的儿子命名，我实在无法忍受，因为它将会使我永远想到我那死去的儿子。"

他们虽然很失望，却并不惊讶。于是，他们改变了计划，最后决定依萨拉父亲的哥哥之名为这个男孩取名为富兰克林·德拉诺。当罗斯福七个星期大时，他们便为他穿上有精美绣饰和纽扣的白色长袍，然后开着大型敞篷车到坐落于海德公园圣詹姆斯教堂附属礼拜堂，以圣公会的虔诚为他施洗。

三月里，乡下的小路泥泞不堪，但是沿着爱伯尼邮路到前面那座高耸尖塔的小教堂的路程倒是不长，只有三英里而已，典礼仪式也很简短。敞篷车沿着整个房子的东边向南边奔驰，很快便转回到长长的"春林"汽车道上，乘客们在大门口的停车处下车。不一会儿，所有的房间都充满了洗礼茶会的欢声笑语。

"说不定将来有一天他会成为总统。"富兰克林·罗斯福的父亲说道。

"哦，不！"他的母亲抗议着，"我永远都不希望他从事政务。"

1886年四岁时蓄长发的罗斯福

富兰克林·罗斯福虽然备受宠爱，但是他的父母对于他那些需要改正的坏习惯却也很留意。他们的亲戚中甚至有人觉得，并且说他的父母对他太过严厉，但是，萨拉和詹姆斯·罗斯福心里明白，必须防备小罗斯福被宠坏。

他的母亲注意到，他没有认输的风度。有一天晚上，母亲和他玩游戏，当他发现自己是输家时就恼羞成怒；还有一天，两人在玩"越野障碍赛马”的游戏时，母亲的玩具马赢了，于是他又勃然大怒，母亲猛地把玩具从桌上拾起，并且表示永远不再和他一起玩，直到他能够输得起为止。这是颇为适当的一种处罚，因为他很喜欢玩这种游戏。

富兰克林·罗斯福的正规教育开始得很早，在他还留着鬈发、穿着礼服时就已经开始了。他的家庭教师不论男女都是具有欧洲背景的人，因此，他可以跟他们学习另一种语言，通常是法语或德语。

富兰克林·罗斯福喜欢读书，他机智而且反应敏捷，他读的书往往比被指定的功课要多得多。他父亲有一间大图书馆，他被允许阅读任何他想读的藏书。他特别喜欢地理和历史，尤其是航海史。他富裕的父母给他机会去发掘任何他可能具有的才赋。有一阵子，他为弹钢琴和绘画课程感到苦恼，而且，不久事实就表明，他并没有艺术天分。

※骑在马上的幼年罗斯福

他是个好动且喜欢户外生活的人。冬天他喜欢在罗吉斯家的池塘上溜冰，夏天则愿意骑着他的威尔斯小马黛比，或者带着他的红色撒特猎犬马克斯门漫步于丛林之中。那些野生鸟类和它们的习性很久以前就使他感到困惑，由于父亲的鼓励，他渐渐成为一个辨认鸟类的专家，于是更多有关鸟类生活的书籍开始出现在他自己的房间里。

他搜集的愈多，兴趣便愈浓厚。他不管去任何地方，都想知道当地鸟类的生活情形，甚至在国外也是如此。有时候罗斯福的家人会到欧洲旅行度假，于是他就有了许多观鸟和到其他国家的自然历史博物馆参观的机会。如果知道了当地某个市民有自己收藏的私人标本，他总是会巧妙地想办法让自己能够去参观。

罗斯福的家庭是个卓越的家庭，他们在美国国内和国外都有许多声名显赫的朋友，富兰克林·罗斯福也就很容易地习惯了这种生活

※1887年，童年罗斯福与其父亲在华盛顿

方式。

他所有的亲戚几乎都曾到世界各地旅游，因此寄到海德公园来的邮件上便有许多奇妙而有趣的邮票。于是他开始对邮票感兴趣了，并且这很快成了他另一项终身的嗜好。

他的父母承认，他们从来都不知道有人能像富兰克林·罗斯福一样有这么多享受生活的方法——不管是关于人、鸟、鱼，还是船舶、邮票、书籍和游戏，他总是有一些有趣的事可以告诉别人，和富兰克林·罗斯福的谈话永远不会让人觉得枯燥。当他到了青少年时期，他变得更为亲切、友善、自信，他爱好交际，并且很迷人。

爱伦娜——后来的安娜·爱伦娜·罗斯福——在富兰克林·罗斯福还小的时候骑在他背上的青梅竹马的朋友，现在已经搬到哈德逊河谷地——在哈德逊河上游大约二十里的地方，靠近田佛利。在爱伦娜八岁的时候，她的母亲去世了，十岁时父亲也病逝了。所以她现在与外祖母何尔住在一起。何尔家是维利地区的一个老家族，在纽约也很有地位。

尽管与何尔家的距离不到一天车程，富兰克林·罗斯福和爱伦娜在之后他们成长的岁月中几乎很少

※童年的罗斯福

见到对方，这主要是因为他们在求学方面追求各自不同的目标。爱伦娜十几岁时就被送到英国的一所学校读了三年书，而富兰克林·罗斯福十四岁时被送到马萨诸塞州的一所男孩寄宿学校格罗顿就读。

那时候，富兰克林·罗斯福已经长得非常高大，各种户外活动使他拥有健美的身体和泛红的健康肤色。在格罗顿他会怎样呢？这连他自己也不知道，因为这是他生平第一次离开父母，进入学校生活，也是第一次独自面对这么多陌生人。他也不能再任意把不喜欢的教师辞退了。不过，他儿时的玩伴爱德门·罗吉斯也将到格罗顿去，这对他倒是蛮有帮助的。

他的父母还担心他性格上的羞怯。从小到大，他都是和成年的朋友及亲戚交往，他们受过充分的社交训练，也有足够的经验使别人感到安适。因此，富兰克林·罗斯福可能会发现，和他同年龄的男孩所建立的社交圈会显得不够亲切，甚至残酷。

富兰克林·罗斯福不知道马萨诸塞州的鸟是否和哈德逊河谷地的有很大不同。他留恋地注视着必须留在家里的标本，幽幽地说：“哦，对了，一放假我还是可以回家的呀！”

知识链接

“五月花”号

“五月花”号是英国移民驶往北美的第一艘船只。“五月花”号载重约180吨，长27.4米。以运载一批分离派清教徒到北美建立普利茅斯殖民地和在该船上制定“五月花”号公约而闻名。分离派是英国清教中最激进的一派，由于受英国国教的残酷迫害，1608年8月离开英国到荷兰。其中一部分教徒决定迁居北美，并与弗吉尼亚公司签订移民合同。1620年9月23日，在牧师布莱斯特的率领下，他们乘“五月花”号前往北美。全船乘客102名，其中分离派教徒35名，其余为工匠、渔民、贫苦农民及14名契约奴。当年11月21日，到达科德角（今马萨诸塞州普罗文斯敦），于圣诞节后第一天在普利茅斯地方上岸。在登陆前，即11月21日由分离派领袖在船舱内主持制定一个共同遵守的“五月花”号公约，有41名自由的成年男子在上面签字。其内容为：组织公民团体；拟定公正的法律、法令、规章和条例。此公约奠定了新英格兰诸州自治政府的基础。

格罗顿中学

对于富兰克林·罗斯福的初次离家，大家都很不放心。1896年一个灰色的九月天，六个面容严肃的人驾着一辆闪闪发亮的马车向火车站行进。他们要从那儿坐火车到爱伯尼，然后再经波士顿和爱伯尼铁路到马萨诸塞州的艾尔站。这群人包括罗吉斯夫妇、爱德门、罗斯福夫妇以及富兰克林·罗斯福。

※少年罗斯福（左下一）和同辈的兄弟姐妹在一起

富兰克林·罗斯福第一眼看见格罗顿学校时，心中就不觉激荡了一阵。它像一所大学校园：殖民地风格的红砖建筑面向宽广的绿草地；坐落于东边的灰色石造小教堂使他想起在欧洲看到的哥特式建筑；还有那高大的方形小尖塔，看起来像牛津大学的麦格得伦塔。这种相似是有原因的：美国的主教派教会相当于英国国教，而格罗顿是一所主教派所办的教会学校，所以其中的建筑与牛津大学的相似也就不足为奇了。

富兰克林·罗斯福的双亲视察过男生宿舍后就开车离去。这是富兰克林·罗斯福和爱德门第一次真正和他的家人分开，但是他们都没有哭。

富兰克林·罗斯福的房间不大，将

它叫作“斗室”真是名副其实，它只有大约1.8米宽、2.7米长，里面只有一张窄窄的床、一个五斗橱和一把椅子，门是一条窗帘，衣柜则是墙上的一排钩子。

他的课程很紧凑，每天必须在七点半以前起床，淋个冷水浴，然后穿好衣服准备吃早饭。吃过早饭后，他和其他的男孩子一起排队到教堂去做礼拜。课程在八点半开始，中午休息吃午饭，下午则被消磨在运动场上。晚上，男孩子们身着“盛装”——从硬挺的领子到他们的黑色便鞋来进晚餐。这是一所高级而昂贵的学校，它责任中的一部分就是训练学生成为绅士。晚饭后，学生们有一段读书时间，之后，他们排队去跟校长及夫人道晚安，然后优雅地走回他们的小卧室。

※教堂一隅

离家住校的头几天是最难过的，尤其是第一天。经过一连串的新活动、新情景、新面孔和新责任后，富兰克林·罗斯福终于滑进床铺，把被子拉到颚下，情绪由兴奋渐渐变成疲乏，但是有一种感觉仍然存在，那就是饥饿。

他是“如此”的饥饿，吃惯了家里丰盛的餐食，就觉得格罗顿的伙食在质量上，似乎都像僧侣吃的一样。但是他不能像在自己家里那样自由，他不能溜进厨房哄骗佣人给他一顿夜宵，因为在这儿他不再是“少主人”了。入校的那天晚上和以后的几天里，他觉得自己简直和世界上最饥饿的人没有什么两样。

渐渐的富兰克林·罗斯福开始小心地拓展他和其他同学之间的关系。他以开朗、亲切而喜爱运动

※1889年，罗斯福（右）

来增加自己在交友方面的魅力。格罗顿很快地就引发出他应付新朋友、进而适应他们并获得友谊的本能。格罗顿的学生经常用一些冷酷的办法来对付他们不喜欢的小孩。有些人被高年级的学生关在行李间或弯着身子被关进体育馆的小柜子里；有些人则被泼水，也就是说他们被带到洗澡房，然后被人用水泼满全身并把水灌进喉咙，而富兰克林·罗斯福则总能巧妙地设法逃过这些处罚。

他是个好学生，老师也喜欢他，他在班上总是名列前茅。他写信回家时仍然是9月，“我没有任何不良记录……昨天早上考了代数，我得了最高分，前天我的英文作文也得了最高分……我喜欢希腊文。”由于他曾和法国家庭教师接触并且有一些到国外旅行的经验，法文对他来说倒是蛮容易的。第一张寄到家的成绩报告卡上有一段彼伯蒂校长写的特别注解：“非常好，我觉得他是个聪明而忠实的学生，他是个好孩子。”

直到毕业时他和其他的六年级学生们，才真的感到依依不舍。想到即将踏入成年，蓦然回首，他们才发现自己热爱着格罗顿以及它为他们所做的一切。

“我亲爱的妈妈和爸爸，”罗斯福在1896年6月25日写给家人的信中说，“这是个多么快乐而感伤的日子！我们再也不能在母校学习功课了。每个人都希望自己可以再回到一年级去。今天早上考完宗教学科后，六年级学生花了一个多小时到外面采了野花来装饰餐厅……我们进入餐厅吃了顿丰富的午餐，等我们全都吃饱后，莱克特做了一次非常好的演说……当颁‘拉丁文奖’时，他们叫到了我的名字，当时我吓了一跳，我得到四十卷书，莎士比亚殿堂就像是我的……我几乎等不及地想要看到你们，却也舍不得离开这里。”

“罗斯福离开，我是多么不情愿呀！”彼伯蒂校长在给詹姆斯和萨拉·罗斯福的信中写道。

当十八岁的富兰克林·德拉诺·罗斯福和父母再团圆时，他发现他们面带勉强的微笑。他不知道他们能否看得清楚自己的脸，因为他们的眼睛都已充满激动的泪水。他伸出双臂拥抱母亲，并且亲吻她，这才注意到自己已经比母亲整整高出一头了。

知识链接

门罗主义和门罗宣言

当拉丁美洲国家正在进行独立运动的时候，美国已经把拉丁美洲看作自己的势力范围。1822—1823年，当欧洲“神圣同盟”企图干涉拉丁美洲的独立运动时，美国积极推行起“美洲事务是美洲人事务”的政策。1823年，美国总统门罗向国会提出咨文，宣称：“今后欧洲任何列强不得把美洲大陆已经独立自由的国家当作将来殖民的对象。”他又称，美国不干涉欧洲列强的内部事务，也不容许欧洲列强干预美洲的事务。这项咨文就是通常所说的“门罗宣言”。它包含的原则就是通常所说的“门罗主义”。门罗主义的含义主要有三个：（1）要求欧洲国家不在西半球殖民。这一原则不仅表示反对西欧国家对拉美的扩张，也反对俄国在北美西海岸部分扩张；（2）要求欧洲不干预美洲独立国家的事务；（3）保证美国不干涉欧洲事务，包括欧洲现有的在美洲的殖民地的事务。门罗主义在当时未产生多少影响，因为当时英国在拉美的影响要大大超过美国。19世纪40年代以后，美国又重新提起门罗主义。

进入哈佛大学

哈佛和格罗顿的不同，就如白天与黑夜之分、东部与西部之别、夏天与冬天之大相径庭。格罗顿地处偏僻的乡下，哈佛大学则正好隔着查理士河与波士顿相对。在格罗顿，罗斯福好像是住在修道院，而在哈佛他则和兰若普共同居住在拥有三个豪华设备的套房。在格罗顿学生都必须去上安排好的每一门课程，而在哈佛他们是自由且可自我设计的成人！在格罗顿他们度过的每一分钟都必须有所交代，因为他们被认为还太年轻还不足以享有自由；但在哈佛他们是自由且可自我设计的成人——成年男子！

※哈佛大学一隅

1900年9月25日罗斯福在写给家里的信中这样说道：“亲爱的妈妈、爸爸，我现在在剑桥城，二十四小时之后，我将成为1904班的正式学生了！”兰若普·布朗早早地赶去竞争新生足球队干事的职位并且当选。罗斯福则注意到另外一项活动，有了在《格罗顿学报》的办报经验，他决定尽全力打入《哈佛红报》的领导层之中，那是个编辑人员可以拥有自己办公室的真正报纸。

他大学第一年的课程有法文、拉丁文、几何、英文、历史和政府政治，它们几乎不足以满足他全部的精力和热忱。即使许多课程不对新生开放，但他还是尽可能地多修一些课程。他和其他七十多个人报名参加红报面试，结果被录取为记者候选人。他便立刻开始穿梭于校园搜集新闻，他六尺一寸半高，英俊挺拔、高雅修长，穿着布鲁克斯兄弟牌最好样子的时装，十分惹人注目。他买了一顶常礼帽，又写信回家要了一支烟斗，因为他发现那些东西是哈佛人的标志。他答应家里不抽烟，因为他即将参加足球队员的选拔。

哈佛大学校徽

但是，他发现自己的细高身材——只有146磅——使他只能作为新生队的预备队员，事实上在大学校际间的各项运动中，他从来不曾真正地被认可。他也参加过校内划船队，但是第二年就失去兴趣了，他只能以自己所喜欢的高尔夫球和网球来做消遣。

校园中的许多社团他都想加入，其中最难加入的是“波塞林”、“速成布丁”和“飞翔”三个社团。以前，许多位“罗斯福”都曾被选入过，但是作为一个新生他必须耐心等待。

相反，有一些政治社团他马上就可以加入，事实上，几乎在他一到达哈佛时，就已经成为哈佛共和党社团里炙手可热的人物，这是他意想不到的！他父亲一直是荷兰民主党有名的领导者，就在罗斯福进入哈佛前的几星期，罗斯福的堂哥泰迪被共和党全国代表大会提名做威廉·麦金利的副总统候选人。泰迪堂哥深受罗斯福家两支族人的喜爱和赞赏，这在罗斯福心中也是毫无疑问的。当他以后投身于地方竞选活动时，这个事实更为显然。现在，他是多么渴望自己的年龄

哈佛大学校内建筑

足够大，可以享有投票权呀。

他童年的习惯——命令周围的玩伴——又再度出现于哈佛，不过这次是以一种较为精练的形式——指挥出现。哈佛提倡的成人风气和个性自由使他发展并具有坚强、积极进取而有人缘的个性，另外有个国家元首候选人的堂哥给了他建立个人知名度的便利，那是一般大学新人所没有的。

罗斯福花了许多时间来写新闻报道，以便赢得在红报的地位。由于他有能力同时做许多事情，并且都做得很好，所以他能够赶得上功课。此外，他还把热情投入到总统竞选活动之中。

在总统选举之前，新闻报道多是关于竞选活动的。校园中时常流传的问题是：哈佛校长会如何投票？当时的哈佛校长查理斯·W·艾略特自1869年开始担任哈佛校长，早在罗斯福入校之前，他就已经使哈佛成为最伟大的大学之一。1900年，艾略特校长好像已超凡入圣，除了红报的最高级编辑外，任何一个普通的人都不能随随便便见他。

罗斯福这个糊涂的新人却闯进了高年级学生都不敢踏入的地方。由于习惯于和国内及国外的贵族家庭相处，他愉快地跑去拜访艾略特校长，询问他在即将来临的大选中会投谁的票。得到校长的答案后，他立刻带着独家新闻冲回红报办公室，校长的答案将出现在下一期的报纸上，并附有一个大标题："艾略特校长声明赞成麦金利。"

选举前那个星期二的晚上，哈佛大学和麻省理工学院的共和党派学生联合举行了盛大的火炬游行。

"我们戴着红帽、穿着红袍，一班接一班地进入波士顿游行，走过所有的主要街道，总共大约八里路。沿途围观的人群相当踊跃，最后我们都累得半死！"他在写给家里的信中这样说道。

晚秋时，纽约市文艺复兴旅社里罗斯福的套房成了罗斯福的家，萨拉在那里照顾她衰弱的丈夫。11月初，她在南卡罗莱那州的艾肯租了一间别墅，希望带詹姆斯到那里享受较为温和的气候，但是他们始终没能去成。11月中旬，詹姆斯又犯了一次心脏病。

“让爸爸休息吧！”罗斯福在信中祈求道。

12月之前，他已决定和父母会面，他同父异母的哥哥罗西也做了同样的决定。1900年12月8日，他们全都聚集在文艺复兴旅社里，不幸的是，詹姆斯·罗斯福先生因病逝世了，享年七十二岁。

此刻，他们母子间感到了前所未有的亲近，在罗斯福返回哈佛以前，他和母亲约定，等大一的课程一结束，他们就坐船到欧洲去散心度假。

他回到学校，把落下的功课补上，又重新开始了他在哈佛的各种活动，并且成为《红报》的成员。要成为《红报》成员，他就必须和其他许多同学竞争并且胜过他们。这并不能使他们成为他的朋友，而偏袒政治竞选活动也不能使校园中的每一个人都成为他的朋友。生活使他成熟得很快，他开始明白，一个人必须知道自己在想什么，也必须知道自己站在哪一边。一旦选择了某一边，就不能期望每一个人都站在自己的同一边。

他开始认识哈佛生活的另一面，并非所有的学生都能够住得起金海岸，有更多的住在校总区的一个叫作“雅德”的旧宿舍里，其他的人则住在远离校区的尽可能便宜的地方。他们利用课余时间赚钱，以便能够继续留在哈佛学习。

这种学生中的许多人是卓越而有人缘的人，他们不会想到要进入“波塞林社”或“速成布丁社”，因为即使已经足够社会化而够资格进入了，他们也负担不起那种粉饰的虚荣。担任《红报》记者的罗斯福在与人闲谈的过程中认识了许多他们这种人，他了解到，他们的生活可能与他从出生就享有的特权、富裕且受保护的贵族阶级生活全然不同。当他知道有些学生为了收支平衡而必须节省好几餐饭时，他着实吓了一跳。

大一那年的春天，他以另一条独家新闻使《红报》读者目眩，造成第二次大的轰动。泰迪堂哥——伟大的、生气蓬勃的、普遍受欢迎的美国副总统——莅临剑桥，到艾伯特·劳伦斯·拉威尔家拜访。拉

威尔是哈佛的政府政治学教授艾美·拉威尔的哥哥，也是过世的詹姆斯·卢梭·拉威尔的亲戚。罗斯福这位有着高颚的自信记者，将夹鼻眼镜紧紧地夹在鼻梁上，他拿起电话，打到拉威尔家，要求与他堂哥通话。泰迪·罗斯福立刻前来接听电话，记者罗斯福便要求为他做一次名人访问。

副总统罗斯福回答："当然可以！等明天早上拉威尔的课上完之后，我可以立刻接见你。我将为他的政府政治课演讲。"

他要做什么演讲？详细内容被封锁了，直到罗斯福冲进他的办公室，为《红报》晨版写下了这个报道：

※剑桥大学

“西奥多·罗斯福副总统将于今早9点在仙杜斯戏院，为政府政治课第一班的学生们演讲。罗斯福先生将讲述的是他担任纽约州州长的经验。”

于是，早在9点之前，便有数以百计的人蜂拥至仙杜斯戏院去听演讲。

罗斯福以一种夺取了胜利的口吻向他母亲报告了这件事。后来他们终于有空坐船到欧洲去，在旅途中，他对她讲述了所有的哈佛新闻，那些都是他没有时间给她写信报告的。他还告诉她，他最喜欢政府政治和经济学课程，秋季以后他打算修全年的经济学、美国史及英国史。

“秋季之前，哈佛会馆即将落成。”

“哈佛会馆?”她挑高眉毛表示想要知道。

他告诉惊讶而存有阶级观念的母亲，在哈佛的生活太不民主，太过于区分阶级了！因此，亨利·李·希金生少校捐赠基金兴建了会馆，坐落于昆西街的哈佛会馆将是一个俱乐部，在那里每一个人都会受到欢迎，尤其是那些没有参加社团的新人。每一个人也都可以在那里举行聚会或进行社交活动，还可以在图书馆里看报、读书。

“你会加入吗?”

“绝对会的！”

“但是不久之后你将会被选入别的社团呀。”

他开怀大笑，叫她不要担心。此刻，海风吹在他的脸上，他是多么喜爱海洋和船舶呀！他对客轮唯一不满的是，不能够站在船桥上或者由自己来操纵舵轮。

秋天到了，他寂寞的母亲在波士顿租了一间房子，这样她就可以经常看到儿子了。但是，除了渡过查理士河去探望母亲外，罗斯福仍然写信给母亲。起初几封信中的一封上曾写道：“会馆昨晚开幕了，那是个非常难忘的开幕典礼。”听到他成为“飞翔社”社员的消息，他母亲心里感到很安慰。

他们母子仍然在海德公园及纽约市度假，还有几次到白宫去办事，尤其是麦金利总统去世，泰迪堂哥继任总统职位之后，他们更是经常出入白宫。

爱上爱伦娜

大二快结束时，在一次回海德公园的返乡旅途中，发生了一件出乎罗斯福意料的事，那件发生在纽约火车总站的事重写了罗斯福人生的一页历史。

※纽约联合国总部

那时候他觉得烦躁，就随便走走，经过一辆客车时，他看到一张似曾相识的面孔，他愣住了。他认得她，那是爱伦娜·罗斯福。在这三年之中变化多么大呀！她已经长得像任何一位"罗斯福"一样高了，有着苗条而优雅的身材，穿着成人的套装，配着一条及地的长裙。

她一认出他，脸上便绽放出惊喜的微笑，并伸出优雅的手和他打招呼。十五岁时的笨拙已从她身上飘逝，但是羞怯的痕迹尚存。她已经完成了三年的欧洲教育，正要赶回田佛利的外婆家。

"母亲和我一道来的，"他告诉她，"你到车上来和我们坐在一起吧，至少在到达海德公园站之前，我们还可以聊一聊。"

随后，旅程便过得好快，他们互

相交换了家里的消息。爱伦娜还把她在国外三年的生活情形讲给雍容华贵却略带惊讶的罗斯福太太听。这三年她进入了伦敦郊区的苏维斯特瑞女子学校，并且到欧洲大陆各地旅行。当讲到苏维斯特瑞女校的开明作风、个性主张和人道主义的观念时，爱伦娜不觉面颊泛红。

爱伦娜说到，她的亲戚和师长们都尽力想要激发她的音乐潜能，但却毫无结果。她还提到有一个学期，她的室友是一位美丽的德国女孩；此外，为了提高法文能力她的一些假期是在某个法国人家庭里度过的。

“我对巴黎清晨的第一瞥，感觉就像是个梦，”她告诉他们，“我不记得有什么时候我会不想看见巴黎。”

幸运的是，那时候刚好她的蒂西姨妈，或称史坦利·莫的摩太太住在巴黎，她是爱伦娜母亲的妹妹，是她使得爱伦娜的梦完全得以实现。

萨拉·罗斯福对于爱伦娜所作的教育报告非常满意，她相信国外旅行和其他语言的知识是必要的，她甚至因为知道爱伦娜曾经到过比利时、德国、瑞士和意大利旅游而更为高兴。

“现在每一个人都主张我应该‘初入社交界了’。”

“当然啦。”罗斯福的母亲断然说道。

爱伦娜的外婆何尔大部分时间都在田佛利的家里，所以爱伦娜计划寒假时去和布西阿姨（艾迪·李文斯顿·何尔，她母亲的另一位姊妹）一同住在纽约市西三十七街的房子里，这样她才能够开始社交活动。

“你将会收到一些我们的邀请。”罗斯福得到母亲的点头赞成后向爱伦娜说道。

这件事似乎在那时候就说定了。罗斯福在海德公园的火车站离开爱伦娜，他和母亲不久就热衷于前往坎伯贝乐的计划。罗斯福太太想把“半月二号”卖掉，“半月二号”是一艘18.28米的纵帆式帆船，是在詹姆斯·罗斯福去世之前的那个夏天买的。罗斯福对尚未找到买主深感庆幸，因为他是那么喜欢乘船到海湾上旅行。

回到哈佛念大三时，罗斯福的课程中排满了他所喜欢的科目——历史和政府政治，同时他参加了“飞翔社”和哈佛会馆的图书馆委员会，一有空就会去旧书店里找寻书籍来充实他们的图书馆。

那时候，他已经是《红报》编辑部的一员。同一年，他又加入了“速成布丁社”，而所有社团中最不容易进入的“波塞林社”仍然没有允许他加入，也许是因为他和“雅德”的学生交往过密，而且他为比较民主的会馆做了太多工作，更大原因或许是他似乎忘记了他对自己所属的社会阶级应尽的义务。

寒假，他和母亲穿梭往来于海德公园、纽约市和华盛顿之间，偶然遇到爱伦娜。他发现：她穿正式晚礼服是多么漂亮呀！

他发现她对国家大事和世界时事都很了解，此外，他还赞美她关心社会福利工作胜于社交应酬的做法。

“对于我宁愿把时间花在像儿童的妇女慈善协会这种地方，也不用于参加社交活动，葛兰妮和我的阿姨们都感到很惊讶。”

“你的祖父罗斯福没有设立那种社团吗？”

“没有，他是一位公设信托人，但是并没有为报童们开设俱乐部会所。不过在感恩节那天，他通常会亲自去帮忙准备感恩节晚餐。”

“在这个世界上的穷人太多了！”

“的确是的，罗斯福，有太多的人饥饿地生活于不间断的战争之中。你有没有去过纽约市一个叫“何尔厨房”的地方？”

那时候他摇了摇头，但是后来去瑞文顿街的社会福利救济院拜访爱伦娜和她那班孩子们时，他确实看到过纽约市东部低洼地区的贫民窟。他发现她正在教一群非常年轻的女孩子跳舞，她们一看到他便围绕着她，急切地问她：“他是你的男友吗，罗斯福小姐？”

他母亲邀请爱伦娜参加海德公园的舞会时，罗斯福欣喜若狂，但是他会特别小心，不让真实的情感流露出来。但随着时间的流逝，他投入的感情变得越来越多。

巴黎凯旋门

大三结束时，他已经修完文学学士学位的所有学分，可以自由离开哈佛了，但是其他的活动却把他留了下来。他是“飞翔社”的图书馆馆长、“速成布丁社”明年秋天要让他做图书馆馆员、《红报》也选他做下一年度的主编。

征得母亲的同意后，他便返回哈佛继续念第四年，他把大部分的时间和精力都用于《红报》，尽可能地把工作做好。《红报》是一份太过沉闷的报纸，他很早以前就

※巴黎埃菲尔铁塔

※爱伦娜

想要把它整顿一番。他又选了几门硕士班的历史和经济学课程，但是《红报》才是他的兴趣所在。

不过，那并不是他唯一的兴趣，因为他知道他已爱上了爱伦娜，只要一有机会，他总是热诚地去看望她，追求她。她仍然和她的朋友珍·芮——怀特洛·芮的女儿一起在社会福利救济所工作。怀特洛·芮是"纽约议坛"，即现在的"前锋议坛"的负责人，她也为消费者联盟工作，帮助他们研究调查百货公司及服装工厂的就业情况。罗斯福特别为此赞美爱伦娜，因为他知道，为了面对改革的批判，她必须要克服多少羞怯。

他对于改革相当热心，既然是《红报》的编辑，他就应该能够为哈佛一些急需改革的事情呼吁。他指责足球队没有尽力，也斥责学生团体没有支持球队的球员。通到哈佛会馆的路是条泥泞的小道，必须改建成木头的道路。许多宿舍都有火灾的隐患，应该增加灭火器和逃生梯等防火设备。

他的社论版上逐渐有了对时政的评论——这是具有崭新意义的，因为去年1月他就已经满二十一岁，到11月时，就能够投出他的第一张选票了。他开始不赞成泰迪堂哥在美国总统任期内所制定的一些政策，他认为西奥多·罗斯福想使总统权力超过国会的措施使得政治体系开始失去平衡。罗斯福真的转向他父亲所选择的党派，回到海德公园投第一张票时，他投的是民主党提名的候选人。

同年11月，罗斯福到海德公园的另一次重要旅行是为了感恩节。海德公园历年来都有感恩节庆祝活动，但是没有一次像富兰克林·德拉诺·罗斯福这一年所筹划的一样。最重要的客人将是爱伦娜，她和罗斯福以及他母亲一起从纽约坐上了去海德公园的火车。

到达海德公园后，一有机会，他就向母亲透露了一个天大的好消息：他和爱伦娜恋爱了，他向她求婚，她也答应了。他们即将结婚，并且希望越快越好！他知道母亲将会有多么震惊！

罗斯福太太着实非常震惊，儿子要结婚的话还太年轻，而爱伦娜也不过才刚满十九岁！

罗斯福仔细地将自己的想法分析给她听，企图说服她。

"亲爱的妈妈，你知道没有什么事情能够改变我们之间过去和将来的一切，只不过现在有两个孩子需要你去疼爱了，他们也会爱你的，你该知道，爱伦娜将永远是你真正的好女儿。"

以后的几个星期，他母亲似乎有了一点让步，最后，她终于做了非常合理的妥协。母亲建议他和他的室友兰若普·布朗跟着她乘凯瑞宾汽艇去玩个几星期，那将会给他充分的时间去考虑这件事情。他同意了，汽艇载着他们到了一连串令人心驰神往的地方——波多黎各、千里达、裘拉索和古巴。3月，经过一段漫长的航行之后，罗斯福回来了，他仍然爱恋着爱伦娜，仍然决定和爱伦娜结婚。

接着，罗斯福太太带她儿子到了华盛顿，企图说服她在那里的一些最好的亲戚让罗斯福出任伦敦美国大使馆的秘书。很巧的是爱伦娜那时刚好正在华盛顿拜访她的贝阿姨——威廉·考乐斯太太。所以每当罗斯福太太去拜访她的亲戚时，罗斯福和爱伦娜就利用珍贵的每一分钟一起到外面吃饭或到处逛逛。最后政府宣布罗斯福还太年轻，不适宜担任国外的职务，他们两人便偷偷而愉快地叹息了一声。

罗斯福太太没办法，只好接受儿子要结婚的请求。她努力和年轻的爱伦娜变成朋友。她们一起到哈佛去参加罗斯福的毕业典礼，他穿着黑色的学士袍，上面有红色的饰扣，然后爱伦娜便和他们母子共赴坎伯贝乐度假。罗斯福答应他母亲继续读书，因此，秋天的时候，他开始在哥伦比亚大学学习法律课程。正式的订婚通知很快便发出了，婚礼则会在明年春天举行。

参议员时期

富兰克林·罗斯福和爱伦娜·罗斯福的婚礼可能是当年美国发生的重大事件之一。1905年3月17日是圣派特瑞克节，他们将在这一天举行婚

※爱伦娜·罗斯福

名人名言

没有自由的秩序和没有秩序的自由，同样具有破坏性。

——罗斯福

礼，西奥多·罗斯福总统是主婚人，他在结婚典礼中将新娘交给新郎。婚礼会场有一群警察、联邦调查局人员、便衣侦探和情报机构人员，他们是不管总统走到哪里都必须跟从着保护他的。对于美国政府和萨拉·罗斯福所采取的一切措施，新娘和新郎都无话可说。

为了避免不必要的麻烦，婚礼在纽约市东七十六街两幢连在一起的私人房子里举行。两个餐厅之间有拉门，把门拉开便可以有更多的空间。这两幢房子属于爱伦娜的一位结过婚的表姐和她表姐的母亲所有。

婚礼上，新娘一只手臂挽着总统缓缓步入礼堂，身上穿着何尔外婆的白色缎子结婚礼服，后面拖着装饰有毛织花边的衣裾，颈上戴着萨拉送的珍珠短项链。兰若普·布朗是男傧相，安迪考特·彼伯蒂担任证婚人。

婚礼的仪式在一幢房子里举行，点心招待则在另一幢房子里。新娘和新郎刚刚互换了一个神秘的微笑后，点心招待就开始了。不一会儿，他们便全然被遗忘似的单独被留下，因为众人都围绕着愉快的总统，热切地听他讲述着他在西部荒野的冒险故事。不管走到哪里，他都会很自然地获得很多喝彩的声音。

最后，结婚蛋糕被切开后，爱伦娜就换上了旅行装，因为富兰克林·德拉诺·罗斯福夫妇即将前往海德公园共度一星期的蜜月旅行。

对罗斯福和爱伦娜来说，蜜月旅行都是真正的成人生活的开始。现在他们可以自由自在地计划他们想做什么事，想去什么地方。他们将拥有一段美好的时光而不必管花了多少钱。

一直到当年9月，他们才牵着一只拴着皮圈的狗快乐地出现于纽约。在回程中爱伦娜觉得有点不舒服，因为她即将有一个孩子了。

※现在的纽约美景

知识链接

圣派特瑞克节

圣派特瑞克节是每年的3月17日，为了纪念爱尔兰守护神圣派特瑞克而设定的节日。这一节日于5世纪末期起源于爱尔兰，如今已成为爱尔兰的国庆节。随着爱尔兰后裔遍布世界各地，圣派特瑞克节已经渐渐在一些国家成为节日。美国从1737年3月17日开始庆祝。

在美国，人们通常要在圣派特瑞克节这一天举行游行、教堂礼拜和聚餐等活动。美国的爱尔兰人喜欢佩戴三叶苜蓿，用爱尔兰的国旗颜色——绿黄两色装饰房间，身穿绿色衣服，并向宾客赠送三叶苜蓿饰物等。

这对新婚夫妇不在的时候，萨拉并没有闲着。她在东三十六街125号给他们租了一栋房子，甚至装潢好内部并雇请了佣人，这栋房子离她自己在纽约市的住所只有很短的一段距离。

"母亲真是体贴啊！"这是罗斯福的反应，但他不知道妻子是否想自己去选择她所喜欢的家具。

他们在新房子里安顿了下来，罗斯福又回到哥伦比亚读法律了，年轻而无生活经验的爱伦娜，为了求得忠告和帮助，变得很依赖她的婆婆。他们的第一个孩子在1906年5月3日出生，是个女孩，他们以母亲之名给她取名为安娜·爱伦娜。那年夏天，罗斯福、爱伦娜和婴儿在坎伯贝乐度假，而萨拉则到欧洲去了。在清新的海洋气息下，孩子面颊红润而活泼可爱，罗斯福和爱伦娜甚至偶尔会带她乘坐"半月二号"做短程旅行。

在纽约的第二个冬天与前一年几乎大同小异。罗斯福完成了法律课程，也通过了律师考试。由于他良好的社会关系，秋天时他很容易便找到了一份工作——在澳尔街五十四号的卡特·赖雅德及米伯恩律师事务所当书记。

之后的几个月里，罗斯福觉得自己学到了更多真正的法律并且知道了如何将法律与日常生活联系起来，这些都是在教室里学不到的。

当然，一位初来乍到又毫无经验的书记必须对他的杂务工作感到满足，他必须要认真地到郡书记办公室转交一些契据或者到地方法庭去处理一些小案子。

他开始遇到从未接触过的各色人等，那些人从未听过"波塞林社"，更不会有能否入社的担忧。对那些人来说，拥有15或20块钱就是富有；他们多数只有一套外出服，并且可能是从旧货店里买来的；那些人有高的矮的、黑的白的、干净的及不干净的。假如偶然有一件案子使罗斯福接触到地方政治，他便能够了解到坦慕尼派的腐败。

纽约市的政治与哈佛或海德公园大不相同，但它同样地使他热血沸腾，使他感觉自己的工作与父亲在海德公园及爱伦娜在纽约市所做的公共服务和社会工作息息相关。

爱伦娜刚结婚的头几年里，并没有积极参与社会工作，因为她的

※约1908年，罗斯福夫妇与他们的宝贝女儿安娜及男孩詹姆斯合影

大部分时间都被用于怀孕、生产和照顾孩子。1907年12月23日，他们的第二个孩子出生了，这时罗斯福到卡特·赖雅德及米伯恩律师事务所才不过几个月。第二个孩子是个男孩的消息使他们感到非常高兴，于是他们便以孩子们祖父之名为他取名为詹姆斯。在刚出生的几个月里，詹姆斯并不是个强壮的婴孩，因此，为了照顾孩子，罗斯福夫妇在春天和夏天都没有去过远离坎伯贝乐和海德公园的地方。

此时，萨拉正忙于她自己的计划。她在曼哈顿的东六十五街买了一块地，盖了两幢房子——47号和49号，第一幢她自己住，第二幢给儿子一家人住。罗斯福非常热衷于他在纽约市附近的各类活动，一直到秋天他们搬到新房子以前，他都没注意到也不在意是哪一位女士一直在为他料理家务。

一天，他走进卧室，发现妻子坐在化妆台前伤心痛哭。

“到底怎么回事啊？”他想要知道。

“我不喜欢住在一栋完全不属于我的房子里，”她抽泣着告诉他，“没有一样东西是合我心意的。”

他尽力使自己平和地在她身旁坐下跟她开玩笑，希望逗得她一高兴就

年轻时的罗斯福在纽约曾是法律书记界的优秀人才

把那件烦心的事给忘了。她又怀了第三个孩子，怀孕总是使她觉得非常不舒服，也许她是真的不愉快。

罗斯福对他的家庭生活十分满足，他每天在下班后从屋子里进进出出，逗詹姆斯及两岁半的安娜玩，晚上带朋友回家吃饭，第二天一早就到办公室上班。

即使别人认为他对法律事业不是很认真，现在他也已经是法律书记界的优秀人才了。

“哦，我不会永远从事律师业，”他以愉快而不经意的态度告诉家人，“也许有一天我甚至会成为总统。”

当时他自己的堂哥正在其位，所以这听起来好像是个有趣的笑话。他向家人表示，他要通过同样的途径去追求总统的职位：先做州议会议

员，接着担任海军副部长，然后当纽约州州长，再进入白宫。

1909年3月，罗斯福和爱伦娜的第三个孩子出生了，他名叫小富兰克林·德拉诺·罗斯福。全家的一切情况一直都很好，但秋天时三个孩子都感染上了流行性感冒。

安娜和詹姆斯都康复了，但是只有八个月大的与富兰克林·罗斯福同名的儿子却死了，孩子悲痛欲绝的双亲和他们的朋友把他带到海德公园，安置在圣·詹姆斯教堂的墓地。伤心的罗斯福夫妇经过很长一段时间才从丧子的噩耗中恢复过来，因为他们从未想到过会失去看上去那样健康可爱的一个儿子。

之后，富兰克林·德拉诺·罗斯福便集中心力于自己的事业，并且从中得到很多安慰。而冬日将尽时，爱伦娜又怀了一个孩子，这才使她稍感宽慰。

这时，罗斯福将他的兴趣导入了另一个方向。早年在哈佛时，他就慢慢地培养出政治方面的才华。虽然他不能确定是否能够模仿泰迪堂哥的路线，但是对于竞选公务员这件事，他却并非真是开玩笑的。小儿子去世的那年冬天，罗斯福的一宗法律事务使他和荷兰郡的民主党领袖有了一席谈话。话锋一启，连续不断，不久他便问罗斯福是否愿意考虑代表哥伦比亚、普特南和荷兰郡等地区竞选州参议员。在共和党势力范围地区之内，任何民主党提名的人要想入主参议院是根本没有机会的，所以罗斯福成功的机会将是相当渺茫的。

罗斯福当然有资格接受提名，即使他知道自己不会得胜，如果他能为党把这件工作做好，将来就有希望获得另一次的提名。这就像他父亲经常说的，有财富、闲暇和有能力的人，应该把他们的时间用于公共服务。

罗斯福家族的人虽然隶属于不同党派，彼此之间却都忠诚以对。罗斯福这位未来的候选人去咨询泰迪·罗斯福的姐姐——住在华盛顿的安泰·贝，希望知道最近退休的共和党总统对于罗斯福以民主党提名竞选的看法如何。事实证明，罗斯福得到了泰迪堂哥衷心的鼓励。

因此，富兰克林·罗斯福回到他心爱的哈德逊河谷地，他喜欢这里甚于世界上的其他任何地方，他决心要把这件以前没有做过的选举工作做得尽善尽美。在海德公园的房子里，还有他母亲和两个孩子与他同住。爱伦娜留在纽约待产，另一个孩子——艾略特于1910年9月23日诞生。

早在爱伦娜起床活动并且能够

出席他的政见发表会之前，他的竞选活动就已经开始进行了。老练的政客们都很惊讶于他所使用的竞选方式，选民们也感到惊奇。他租了一辆双汽缸的麦克斯威尔旅行车并雇佣车主当司机，然后和其他的地方候选人一起前往三个郡的每一个城镇和村庄。

他快乐的情绪影响了每一个人。他爽朗、喜欢开玩笑，有才气又英俊潇洒，而且还不到二十九岁，却凭借对农业问题的知识，使得农民们对他刮目相看。他本来就像他父亲一样，是这个地区的一名农夫，当他谈论土地、苹果收获、市场及森林保护等问题时，选民们都穿着工作服前来聆听。

他开了很多次玩笑说他不是泰迪，而在一次政见发表会上，有个小男孩对他说，"我知道你不是泰迪，因为你并没有张牙舞爪地发脾气。"

另外一次他对选民说："我不是个演说家。"

"你不必是个演说家，罗斯福！你就用那种方式跟我们说话吧，那就是我们喜欢听的。"

选举日之前，在海德公园政见发表会上的演说结束了他的竞选活动。刚开始竞选的时候，他不是个演说家，但是接近选举日时，他已经快成为一位很好的演说家了。

选举结果甚至使选民也感到惊讶，富兰克林·罗斯福给了他的共和党对手一次痛击，并且遥遥领先于其他的民主党候选人。他是三十二年来第一位来自那个地区的民主党参议员，在他之前的最后一位是纽伯兹家的一员。

罗斯福太太准备搬到他们在爱伯尼的史特街248号租的房子去，富兰克林·罗斯福则准备从华尔街54号的律师事务所搬进参议院去。萨拉和他们共度了数日，帮助他们安定下来。在爱伯尼家中的第一次社交活动就是为参议员罗斯福的支持者们所举行的元旦招待会。

知识链接

共和党，又常被简称为GOP（Grand Old Party，大佬党），是美国当代的两大主要政党之一，另一个是民主党。建党以来，共和党在39届总统选战中赢得了23届，包括了最近10届中的6届；自从那时开始29位美国总统有18位都是共和党人。共和党创立于1854年，结合了当时反对奴隶制度扩张的政治势力。在现代政治中，共和党则被视为社会保守主义和经济古典自由主义的政党。

海军副部长

1913年的3月，富兰克林·罗斯福得到通知，总统和参议院已经同意任命他为海军副部长，于是他立刻返回华盛顿进行宣誓就职。

最先来的恭贺信中有一封来自西奥多·罗斯福：

很高兴你被任命为海军副部长……我相信你一

※美国军舰

定对得到这个职位感到很高兴，你一定能做出一番显赫的事业。

当然，在华盛顿的职位也使罗斯福的整个家庭可以在首都拥有一个家，爱伦娜开始做她的工作——招待和拜访国会议员、法官及海军官员的太太们，她发现自己离政治圈越来越近了。兰若普·布朗全家搬到华盛顿，这是非常令人高兴的事。

罗斯福很快便开始了访问海军基地和检阅船只的工作，他发现许多年老的海军上将所统率的都是帆船，因为在那时候汽船仍然是相当先进而稀少的。这些老海军们知道他对于操纵帆船的方法非常熟悉，于是他很容易就和他们成为朋友了。

罗斯福为了建立规模更大、也更有效率的海军，做出了一项激烈而冲动的举动，但他的行动却遭到了政府和海军双方面的反对。威尔逊不是喜好穷兵黩武的人，丹尼尔斯也不是。威尔逊和丹尼尔斯对于世界和平都有很强的信心。罗斯福是固执的，而他的上司也是一样固执。罗斯福觉得他的上司目光短浅而狭隘，便开始到处宣扬自己和丹尼尔斯部长之间的不和，甚至在社交集会上取笑他，叫他“山地居民”。最后，罗斯福的一个朋友指责他这么做是不对的。

罗斯福接受了斥责。他现在已经太骄傲了，而实际上，当时，他确实还有许多需要学习的地方。

不久，他又受到另一个来自坦慕尼派机构的斥责。他任副部长一年多时，没有和任何人商议，甚至连爱伦娜也没有，就宣布自己要竞选全国的参议员。丹尼尔斯部长和路易斯·何威都劝他打消这个念头，但他还是决定参加1914年9月的民主党预选会。

老奸巨猾的坦慕尼派知道如何对付这件事，他们推举出一位候选人来对抗富兰克林·罗斯福，那是一位条件非常优秀也非常受尊敬的人，党内没有一个人能够提出任何真正反对他的意见。

知识链接

民主党

美国民主党是美国两大政党之一，始建于1791年，当时称共和党，1794年改称民主共和党，又称反联邦党，后该党分裂。杰克逊派于1828年建立民主党。1840年，该党召开全国第3次代表大会，正式定名为民主党，并首次通过了党纲。

富兰克林·罗斯福和爱伦娜及孩子们一同到坎伯贝乐避暑，他忧愁地对她说：“路易斯认为我发疯了！”而她也只是紧抿嘴唇不予回答。

那年夏天，有一阵子，他们的家庭危机代替了罗斯福的政治忧虑。爱伦娜在8月末将生产他们的第五个孩子，他们计划请她的老医生从纽约过来照顾她。但是他们把日子算错了，1914年8月16日深夜，她感到孩子即将出世却没有医生，罗斯福只得匆匆穿上衣服，从窗口向一位船夫大叫，要他准备好一条小船。他很快就坐上船，穿过海湾到大陆，并从那里带回来一位他们的朋友——贝那医生——一个缅因州路贝克人。

这件事情可麻烦得很，因为是难产，罗斯福太太的产痛从晚间持续到第二天，而第二天也疼了一整天。这段时间，贝那医生始终未曾离开她的身边，直到他确定母子平安。17日晚上，一个男孩出世了，父母再一次给他取名为小富兰克林·罗斯福。

家庭和政治的双重压力影响着富兰克林·德拉诺·罗斯福，他的骄傲自大渐渐消失了。鱼尾纹开始出现在他的眼睛周围。他把妻子和新生的儿子交给母亲和保姆照顾，

知识链接

第二次巴尔干战争

以保加利亚为一方，希腊、塞尔维亚、罗马尼亚、门的内哥罗和土耳其为另一方的战争。第一次巴尔干战争结束后，塞尔维亚由于未得到通往亚得里亚海出海口，要求得地最多的保加利亚划出马其顿的一部分作为补偿；希腊要求领有马其顿的南部和西色雷斯。未参加同盟的罗马尼亚则要求占有南多布罗加。1913年6月1日，塞 、希秘密订立反保同盟，罗马尼亚旋即加入。6月29日，保对塞、希发动突然攻击，遭到猛烈抵抗。土耳其欲乘机收复失地，于7月16日向保加利亚发动进攻。7月29日保加利亚力求乞和。8月10日签订了《布加勒斯特条约》。依约，塞取得马其顿的大部，希取得马其顿南部（包括萨洛尼卡）、色雷斯西部和克里特岛，罗取得南多布罗加，土收回东色雷斯和亚得里亚堡，门的内哥罗的领土也有扩充。通过两次巴尔干战争，塞尔维亚实力大为增强。这就加深了塞与奥匈帝国的矛盾，终于使巴尔干半岛成为第一次世界大战的导火索。

然后便返回纽约州参加9月的预选。现在他已经心里有数，自己不会赢了。果然，他没有被选上。这次竞选前他没有和那些比他聪明的人商议，因而遭到了严厉的指责。

他没有时间来抚慰自己的困窘，因为世界局势吸引了每一个人的注意力。自从第二次巴尔干战争之后，欧洲就变成了一个武装阵营。德国的黩武政权把军队增加到了战时的数量，其他国家，如法国、俄国和奥匈帝国由于害怕被打击也都纷纷扩充军备。

1914年6月，奥匈帝国王位继承人弗兰西斯·费迪南大公和他妻子到巴尔干半岛上的一个国家旅行，他们在靠近塞尔维亚边界的沙拉耶佛市被刺。塞尔维亚遭到责难，而塞尔维亚所提出的把这件事提交到海牙国际法庭的要求被驳回了，于是奥匈帝国向塞尔维亚宣战。至此，俄国也开始调动军队，接着德国先后向俄国及法国宣战。

德国行军通过了比利时并侵入法国，破坏了比利时的中立，英国

潜水艇

便向德国宣战。富兰克林·罗斯福知道美国可能真的会被卷入战争，他剩余的嚣张气焰都消失了。他开始了解威尔逊眼中的忧虑以及丹尼尔斯为何犹豫不决而不愿动武。德国“扩充军备”的计划使整个欧洲都陷入“备战”状态。

富兰克林·罗斯福现在有了三个儿子：詹姆斯快七岁了、艾略特四岁、小富兰克林·德拉诺出生才十七天。他们长大后会死于战争吗？儿子们的存在使他反省，他这时特别渴望真知灼见。

后来在华盛顿的日子，都由于忧郁和担心而变得紧张又黯淡。富兰克林·罗斯福很高兴到秋天时爱伦娜就能够来和自己团聚，因为跟她谈论事情能够帮助他做出较好的决定。年轻的海军军官太太们对她即将回来也都感到高兴，在她们的丈夫被派到危险地区的时候，她就像她们的母亲，随时给她们安慰和勇气。

自从欧洲的战事爆发以后，富兰克林·罗斯福又重新提起充实战备的意见，他开始对丹尼尔斯施加压力。美国必须扩建海军部队，否则，如果英国舰队发生了任何事情，美国就将无依无靠了。

当时英国海军是强大的，它在世界各地众多的殖民地使大不列颠

※潜艇

能够帮助美国国外的船只，运送伤患以及食品救难的工作。赫伯·胡佛先生那时正在英国从事给欧洲大陆上饥饿的战争牺牲者分配食物的工作。有一段时间，英国曾使德国不易获得战争物资的补给，但是德国很快有了一种新式舰艇——潜水艇。那时潜水艇刚刚发明成功，第一次世界大战时才首度大规模地使用。德国派出了潜水艇舰队包围英国，使它得不到食物补给。不久，德国又进行无限制潜艇战，也就是说，用潜水艇去攻击没有武装的商船以及军舰。1915年5月7日，一艘德国潜水艇击沉了“路西坦尼亚号”——一艘没有武装的英国客轮，造成一千二百人死亡，而他们之中有一百人以上是美国人。美国

民众的反抗情绪都已经高涨到几乎沸腾了。

1917年2月，美国政府决定和德国断绝外交关系，因为德国仍然不顾威尔逊和其他各国外交家们所做的一切，继续无限制地实行潜艇战和暴力行为。

富兰克林·罗斯福知道舰队在古巴关塔那摩的美国海军基地，而丹尼尔斯又不在华盛顿。无奈中，他便赶去白宫。

"威尔逊总统，我能否请您允许将舰队从关塔那摩撤回，送到海军造船厂加以整修及加强装备，以便随时准备加入战争？"

"很抱歉，罗斯福先生，我不能允许你这么做。"

威尔逊总统解释，如果在德国大使解职之后马上就这么做，这将会被视为不友善的行为，这对未来的总统来说又是一门外交新课。

过了几个星期，威尔逊总统面带愁容地出现于国会之上，在最高法院官员和他的内阁成员面前请求宣战。他在演说中不断地陈述了中立船只和医护船只的沉船事件。

罗斯福和爱伦娜均出席听取了总统的宣战檄文。

爱伦娜参加了红十字妇女供食队，罗斯福则投身于一项体力薄弱之人不能胜任的工作计划。一家报纸的社论称他"有年富力壮的心，有结实的手"。大家对于他姓罗斯福并不表示惊讶，然而，他仍然具有在格罗顿中学时的友善和在哈佛大学时被人所广泛接受的领导力。每当态度强硬而经验老到的新闻记者来采访他时，他们都不知不觉地在他迷人的热诚之中软化，然后毫无所获地离去。

美国海军将立刻行动，这大都是富兰克林·罗斯福的功劳。此外，他又谋划出重要战略，提出一项终止"英吉利海峡和北海以水雷弹对抗潜水艇"的计划。他坚信自己的想法是对的，于是向他的上司、军事战略家们、威尔逊总统及英国海军总部拼命鼓吹，直到那项计划变为既成事实。战争

威尔逊总统

之后，事实也证明了该项计划是非常有效的。

1917年末，另一个充满野心的想法在他心中酝酿，他想去部队。兰若普·布朗自愿做一名坦克部队的士兵，他在哈佛时的许多同学也都穿上了戎装。当他安静地坐在华盛顿的办公室里时，一船船的年轻人已经被送往国外。海军部长丹尼尔斯知道富兰克林·罗斯福想要去军队的消息时，立刻摇头反对，他认为这位华盛顿最有本领也最能干的年轻人之一必须留在他的岗位上，直到战争结束。

富兰克林·罗斯福的政治伙伴们希望他在秋天时考虑竞选纽约州州长，但是他拒绝了，因为他已经了解了威尔逊的构想，必须先有战争才有战后长久的和平。

威尔逊总统于1918年1月向国会提出著名的“十四点和平计划”，

※驱逐舰

勾勒出他战后伟大的理想与计划：禁止秘密外交、保障海上自由、克服经济障碍等。其中最重要的是第十四点："设立国际联盟，保证各国的政治独立和领土完整。"

1918年的夏天，罗斯福被派往国外检阅美国海军并且了解战区的一切情形，因而他才得以真正直接地看到战争。

为了对罗斯福的行程进行保密，没有任何人前来送行。他乘坐

的驱逐舰是五艘运输船的护卫舰之一，他们采取迂回路线以避开潜水艇的耳目。他走到甲板上，用冷静的声音和船上其他的人交谈，企图隐藏他的兴奋和紧张。

罗斯福首先到达英国，和英、美两国的海军高级官员会谈，并前往医院慰问伤患人员。"一个人在这里会感到自己更接近战争，"他在日记上写道，"我们一支海军陆战队已经损失了1280人。"当他渡过海峡到达法国，在敦刻尔克港口城镇登陆时，情绪非常低落。敦刻尔克是个军事重镇，曾经经历过一段艰苦的时光。"这个地方没有一栋完整的房子……每晚都被轰炸……我在镇上看不到一扇玻璃窗，几乎每一家门前都是残瓦碎砾……"

罗斯福渐渐了解到战争的真谛，某次空袭时，他躲在防空避难所里，看到了人们沉着勇敢。他在去法国的路上经过了加来港，"加来被炸得很厉害"。他的公务车在铁路沿线穿过一大群向前拥挤的人潮，"所有的城镇和乡村都有军队驻扎"。巴黎市的大半都被前进的德国军队占领，富兰克林·罗斯福真的有种接近战争的感觉。出发去前线之前，他参加了欢迎赫伯·胡佛的午宴，因而有了与法国共和国的总统波昂卡瑞及其夫人交谈的机会。

到前线的道路比从海岸到巴黎的道路更恐怖，罗斯福经过被蹂躏过的村庄，在马恩河上的谢瑞城堡看到了“安全的毁灭”。

他在日记中写道：“我们面前的战地上有许多小十字架标明那些死于旷野中的人。”

这个景象是几天前同盟国胜利的第二次马恩河之役造成的，对于同盟国来说，这个“安全的毁灭”是本次战役中很重要的一部分。

每当富兰克林·罗斯福放眼一望，就会看到：“翻倒的圆石头、倒下的树、临时筑成的防空洞、生锈的步枪刺刀、被遗弃的外套、被雨水玷污的情书……”难怪威尔逊总统要求国会宣战时会表现出那么深的痛苦！难怪呀，他对世界和平的信念愈来愈深了。

他的汽车开过最近才被轰炸过的村庄，直到最后到达了“第一个真正参与作战行动的记号——一个观测气球”。他在医院看到一个病人在手术台上动手术时，炮弹击中他们所在的建筑，震碎了所有的窗户；当他的车子经过一段受德军监视的道路时，又有一颗炮弹就在他后面爆炸了。

他驶过补给线到维丹——“没有一间房子保持原状”——他又戴上钢盔和防毒面具，跟他的同伴前往战场，看到军队的士兵在既不卫生、通风条件又不好的隧道中休息；走到几百码之内的火线上，他便看到“被炮火严重翻腾的地面……赤裸、褐黑而死气沉沉的”。

他想看的战争，就是这个样子。

这就是文明人用来解决他们之间争端的方法。

知识链接

国　会

亦称议会，通常指资本主义国家的立法机关。起源于中世纪英国的封建等级代表会议。17世纪资产阶级革命后，英国正式确立了议会制度，其后美、法等国相继采用。它按照立法、司法、行政三权分立的原则组织起来，是资产阶级民主制的重要组织形式，一般由上、下两院组成，有的只设一院。其成员称议员，大部分由公民选举产生，有的由国家元首直接任命或按特定身份充任。议员的职权通常由宪法决定，但各国不尽相同，一般具有立法、监督政府及决定国家对财政税收、对内外政策等权力。在议会制国家，议会被看作国家政治活动的中心。议会的实际权力和作用是不断变化的。

罹患小儿麻痹

1920年，作为一个出色的律师漂亮地结束一个诉讼案，在7月21日，他写信给爱伦娜：

最亲爱的爱伦娜，我昨天愤怒地离开了华盛顿……希望我到家时所有的船都已准备好了……替我亲吻所有的孩子，更为你献上无数个吻。

你挚爱的罗斯福

他疲倦得不得了，只渴望凉爽轻快的空气和一次真正的假期，这是战后他的第一次假期。他站在开往小岛的船只甲板上时是7月31日。由于坏天气和浓雾，船行驶得很慢，他简直迫不及待了。

他想着渴望已久的深海钓鱼以及带孩子们去露营的事，此外，他们还必须计划一些野餐和郊游。

到达岛上后，他发现何威太太及何威家的孩子们已经和他的家人在一起了，他告诉她，路易斯·何威几天之内将有远行。

接下来的那个星期里，他和家人及客人去航行、游泳、到户外漫步、打网球以及做长夜的休息，但是这仍无法消除他的疲乏，甚至教孩子们操纵“威瑞欧号”也似乎于事无补。

8月10日是个晴朗、略有微风的好日子，罗斯

名人名言

要成大事，就得既有理想，又讲实际，不能走极端。

——罗斯福

福带着爱伦娜和孩子们去航行。他们在湖上泛舟，每个男孩子都轮流操作舵机。在沿着海岸线回家的途中，他们注意到树梢上有点点星火，看起来像是山林火灾。防止火灾是每一个人的责任，富兰克林·罗斯福立刻将船搁浅，然后赶快上岸去救火。

火焰扑灭之后，他们彼此相视大笑。他们全都精疲力竭，感觉燥热而又肮脏，而且脸上和衣服上都是黑点。

“我们需要游泳。”富兰克林·罗斯福说道。

“游泳！游泳！”孩子们吵闹着，于是他们冲向一个小内陆湖，这个湖也位于坎伯贝乐岛上。

罗斯福太太则回家等候他们并且准备晚饭。

和孩子们在湖中游完泳后，富兰克林·罗斯福觉得还不过瘾，他大步慢跑到岸边，跳进海湾中更冷的水里。然后他小跑回家，到家后随手抓起一叠他们出去时送来的信件，还没有换下湿的游泳裤就坐到前面的走廊上拆阅去了。

他突然打了一个寒战，接着又打了一个。

“我不希望感冒，”他对爱伦娜说，“我看我得直接上床让身体暖一暖了。”

她问他想不想吃晚饭，

“不想，”他回答道，“我不觉得饿，只觉得冷。”

他滑进被窝里，把被单拉到颚下，尽量使自己放松。航行、游泳以及横贯岛上的短跑应该使他觉得舒服，但是他却全身疼痛，即使没吃东西胃里也在翻腾。他断断续续地打盹，却由于背部和腿部传来的痛楚不时醒来，但他不想叫醒爱伦娜。

早上，爱伦娜来到他的床边，用手摸摸他的额头说：“你发烧了！罗斯福。”

“我全身都痛得很，爱伦娜，我不能带孩子们去露营了，但是我答应过他们。”

“葛丽丝·何威会带他们去的，我留在这儿陪你。”

他的疼痛愈来愈剧烈，爱伦娜又一次从路贝克请来贝那医生，但是医生也看不出他生的是什么病。

麻痹开始侵入，扩散到富兰克林·罗福斯的腿，然后到他的背、手臂以及手上。葛丽丝·何威给她的丈夫拍了一封电报叫他立刻赶来。

富兰克林·罗斯福在星期三晚上病倒了，到星期五，他已经完全不能走动。那时，路易斯·何威已经来到他身边，他和贝那医生一起回到大陆去找了另一位金医生。金

医生是宾夕法尼亚州的一位专家，此刻他正好在哈伯海湾度假，听到罗斯福的病情，他答应到坎伯贝乐来。诊断后，他认为麻痹是由下脊柱的血块引起的。

“必须每天仔细地为他按摩肌肉。”他交代道。

爱伦娜和路易斯·何威是岛上仅有的两名“护士”，他们全天二十四小时一起照顾这位他们俩都挚爱的病人。

按摩是会痛的，富兰克林·罗斯福屏住呼吸默默忍受着疼痛。医生说，血块会渐渐被他的身体吸收，当他的手开始渐渐恢复，直到能够使用时，医生的理论便被证明似乎是对的。但是不久，医生又改变了主意，认为罗斯福的病可能是脊髓的机能障碍，这就更严重了，但他最后是会康复的，两位医生都这么确信。

什么时候才是“最后”呢？他想要站起来，到处走走、游泳、航行、和孩子们沿着海滩赛跑、和邻居打高尔夫球以及和路易斯·何威计划未来的竞选活动。那么，他还要像个无助的婴孩般在这儿躺多久呢？

全力支持罗斯福的何威坚持做他的私人秘书，他忠实地把所有的信件大声念给他听并且代他回信。

8月的日子过得缓慢又黯淡，富兰克林·罗斯福的热度持续着，他的疼痛也持续着，医生开始认为他下半部脊柱的淤血也许是小儿麻痹侵袭的结果。

这个意见使每一个人都惊呆了！爱伦娜坚持找一位专家来咨询，于是波士顿的罗伯·洛维特医生立刻赶来。他宣布了这个不幸的消息——确实是小儿麻痹症。

但是孩子们呢？富兰克林·罗斯福突然惊愕地问。他的孩子们也都曾经暴露于病源呀！洛维特医生告诉他，孩子们都没有危险，但是富兰克林·罗斯福仍然不放心，直到好几个星期过去后他才放心。

既然知道了自己的病情，他还能期望痊愈吗？可能永远不会痊愈

知识链接

小儿麻痹症

小儿麻痹症，又名脊髓灰质炎，是由脊髓灰质炎病毒引起的一种急性传染病。临床表现主要有发热、咽痛和肢体疼痛，部分病人可发生弛缓性麻痹。流行时以隐匿感染和无瘫痪病例为多，儿童发病较成人为高，普种疫苗前尤以婴幼儿患病为多，故又称小儿麻痹症。

了！富兰克林·罗斯福把头向后靠在枕头上，绝望地注视着太太，他们一起听着洛维特医生其余的忠告：“我相信药物只有一点点用处，或者根本没有用，如果药物会破坏胃口就更不值得服用了。安眠药倒可能有用。”

同时，洛维特医生希望他们停止按摩。

“治疗上没有什么别的好办法了，”洛维特医生继续说，“这是最难让病人家属了解的事情之一。我想现在可以考虑使用热水浴，因为那真的对病情的减轻有所帮助并且可以鼓舞病人，他在水面以下可以用腿做更多的活动。这种病可能会造成病人情绪的消沉，有时甚至易怒敏感。”

当罗斯福夫妇单独相处时，罗斯福向爱伦娜倾吐了他的痛苦，他看到她的脸上出现了一种震惊和忧虑的表情。

“请你尽可能委婉地把这个消息告诉我的母亲和孩子们。”他这么要求她，她点头答应。

她看到他的眼里闪现出一种坚强而冷静的神情，那种神情她以前曾经看到过。第一次是他向坦慕尼派挑衅，接着顽强地要求在华盛顿扩建海军时；另一次就是当他前往华盛顿反驳最近调查的控诉时。富兰克林·罗斯福不是一个容易屈服的人，更不可能被疾病击倒的。

然后爱伦娜给萨拉·罗斯福写了一封措辞谨慎的信函，萨拉整个夏天都在欧洲，而且随时准备回来。

亲爱的妈妈，罗斯福病得很厉害，他很抱歉星期二不能去见您了。……我们很高兴您又将回家了，亲爱的妈妈，您不知道我们是多么渴望您回家……

虽然信写的是那么冷静并且将大事化小，但萨拉还是匆匆赶回坎伯贝乐。

同时，医生说过，一旦病人觉得舒服一点就让他坐起来，于是富兰克林·罗斯福迫不及待地就那么做了。

“现在就让我们来试试看，爱伦娜。”他说。

爱伦娜和路易斯·何威都站在旁边看着他，这么做对他自己和旁边的两人来说都是一项痛苦的考验。路易斯·何威不愿放弃希望，他相信富兰克林·罗斯福是会康复的，他比以前更爱说罗斯福有一天会成为美国总统了。

直到9月中旬，他们全体都留在坎伯贝乐，因为在此之前医生不准他们移动罗斯福。

"我们准备带你去纽约，"爱伦娜告诉他，"洛维特医生希望你进入普利斯拜特灵医院接受约翰·德瑞泊医生的治疗。"

"约翰·德瑞泊比我早一年毕业于格罗顿，"富兰克林·罗斯福以轻松的口吻说，"我会喜欢接受他的照料的。"

像往常一样，路易斯·何威一支接一支地抽着香烟，但是他抽得比平常更快，因为他很担心罗斯福的政治生涯。他不希望任何人发现富兰克林·罗斯福得了小儿麻痹，也不希望新闻记者，特别是摄影师，看到他躺在担架上。

何威向罗斯福的家人宣布他要好好计划如何将富兰克林·罗斯福送到纽约，他很聪明地安排了两条同时离开坎伯贝乐的船，然后向新闻界发布消息说富兰克林·罗斯福将乘坐汽艇，且会在东港的某个码头靠岸。当一群记者眼巴巴地等在那里时，他却带着躺在担架上的罗斯福在另一个码头靠岸，然后让他通过火车车窗进入一个私人车厢。这个计划成功了，而民众所看到的则是富兰克林·罗斯福在火车车窗中的脸孔，他面带微笑并且在向他们点头致意。

从缅因州到纽约市的铁路路程相当漫长，不时的震动和颠簸使罗斯福的背部和腿部都不舒服，但是他在家人和朋友的脸上看出了他们的痛苦和绝望，他不希望再看到那些表情。他下决心不再表现出任何痛苦和绝望，也绝对不再发出任何抱怨。他不能视自己为"病人"，也不准孩子们认为他是个"病人"或与正常人有什么不同。生病的阶段结束了，剩下的是他要努力地恢复活动。如果不能恢复走路的能力，那么他就必须学习如何凭借异常的身体来过日子。

安顿好富兰克林·罗斯福之后，德瑞泊医生告诉新闻记者，病人只是患了轻微的小儿麻痹并且正在康复之中，他不会永远残废的。

在普利斯拜特灵医院走廊的前后都听得见罗斯福的欢声笑语，他正在跟护士及陪伴他的人开玩笑。爱伦娜带孩子们来看他时，他就已准备好和他们角力或跟他们玩耍。他还是像以前一样对他们学校的情况以及他们的雄心壮志感到很有兴趣。他向他们夸大病情好转的程度，表演如何将身体撑起去拉挂在床头上的铃，或者弯曲手臂，把锻炼出来的大肌肉给他们看。

他的老长官约瑟夫斯·丹尼尔斯从北卡罗莱那州前来探望他，像其他每一个探病的人一样，他以为自己会看到一个因生病的沮丧而需要鼓舞的

知识链接

缅因州

缅因州是美国东北部新英格兰地区一州。西北和东北边境分别毗邻加拿大，南临大西洋，西接新罕布什尔州 。面积 8.6 万平方千米，首府奥古斯塔 。地形主体为新英格兰高地，地面波状起伏，海拔 600 米左右，中部卡塔丁山海拔1606米，为全州最高峰。西北部为崎岖的怀特山区，东南部多狭窄的局部沿海低地，海岸曲折，多港湾，岸外小岛棋布。最早居民为印第安人。

人，但是当他走近罗斯福的病床时，罗斯福用力在他下颏上打了一拳，使他踉踉跄跄地倒退了几步。富兰克林·罗斯福见状则大笑不已。

“你以为你是来看病人，”他说，“但是我却能在任一回合将你打倒。”

最能帮助他保持勇气的是一位高贵而文雅的妇人，她每天都在医院里——每当罗斯福看到爱伦娜站在他的床边，那么冷静而全心全意，他就明白自己娶了一个比他以前所知道的还要更坚强的女人。

罗斯福也知道对于他的未来，有一场温和的战争正在她和他母亲之间进行，他母亲希望他退休并回到海德公园，终此余生做一个病弱的乡下绅士，他的妻子则更加知道什么才最适合他。他渐渐清楚哪一个女人是比较坚强的，也将会赢得这场战争的胜利。一个男人真正需要，也最能鼓舞他的勇气的，就是他的妻子愿意与他并肩作战。

在普利斯拜特灵住了六个星期之后，罗斯福的病情好转了很多，已经能够靠着枕头坐起来，但是他的腿还有一段时间恢复。10月28日，罗斯福出院回家了。他想，全家人要多么困难才能适应这样的一个自己啊！他要帮助他们，就像他们帮助他一样。他必须尽力像从前一样正常而能干。他们所喜欢的例行活动必须恢复：冬天住在纽约市；感恩节和圣诞节在海德公园庆祝；夏天则在坎伯贝乐避暑。他终于可以坐起来，也可以自由活动手臂和肩膀了，也就是说他能够操纵帆船和钓鱼竿了。此外，他还要尽快每天去办公室上班。

要想每天上班，他还必须不断地治疗，此外，也需要做一些特别的运动来恢复腿上和腹部松弛而萎缩的肌肉。

要想完成这一切的事情，他就需要一种完全崭新的人格特质，这种特质就是耐心。

快乐勇士

那些帮助他的医生和护士们为他上了最好的一课——人性中的耐心可以是无穷无尽的。有时候这些医生和护士对于自己缺乏的知识只能绝望地耸耸肩。很自然地，他对小儿麻痹的兴趣很强烈，但是医生却无法告诉他自己也不知道的事。也许政府事务的繁文缛节可以被简化，但是对医药的研究却是没有捷径的。他必须终其一生的工作、研究、期待，再工作、研究、期待……

罗斯福画像

医生们告诉他，他们所知道的小儿麻痹是一种古老的疾病。过去曾经发现了一张描绘古埃及坟墓的图画，上面就有一个肢体萎缩的人物。沃特·史考特爵士的残疾也可能是小儿麻痹所造成的。小儿麻痹由滤过性病毒引起，那些病毒是一种非常小的粒子，当时的显微镜根本无法看见它。没有人能真正完整而正确地说出它是如何从一个人或一个地方传到另一个人或另一个地方的。小儿麻痹滤过性病毒一旦进入人体就会侵害神经细胞，这就是造成麻痹的原因。

在20世纪小儿麻痹曾造成相当大的破坏。美国第一次流行小儿麻痹是在1894年，但是扩散蔓延最厉害是在1916年。那次这种疾病流行时，罗斯福太太带着孩子们在坎伯贝乐一直待到10月。

不同的医生对病人所需要的治疗有不同的看法，但是有一点基本事实却是他们全体都认可的，那就是肌肉的运动神经死了，肌肉就不能够再随意活动，所以四肢必须靠一些外在的助力来按摩或推动。

罗斯福必须借挂在床上帮助他起身的机械装置来锻炼他的背肌，以便能坐在轮椅上。然后他必须学习如何使用拐杖来平衡自己。

他刚刚将自己从病床上解脱出来，膝盖后的肌肉就开始抽紧而萎缩。医生必须将他的双腿打上石膏以防止膝盖被拉长变形。医生们把楔子插在石膏后面，每天加深一点，这样才能痛苦而缓慢地将他的脚腱拉回到原来的长度。最后他们为他拆除石膏，他便开始了戴着钢架的奋斗之路。

装钢架时他背部平躺，然后靠着别人的帮助把自己撑起来坐进轮椅中。这位精力充沛的海军副部长、威尔逊的老兵和全国公职的候选人，必须被人扶着站起来，必须有人教他拄着拐杖走路，就像个婴儿被人教导学走第一步一样。每次努力之后，他都重重地坐回轮椅中，脸上的汗水直流。

“春天时我就能够走路了！你等着看吧，你等着看吧！”

但是春天以前，他开始了解，要想恢复双腿的使用，横在他面前的是多么漫长而缓慢的苦差事，那可能需要好多年呢！

当一个人在卧室时，他为了要移动，必须从床上下来到地板上爬行，他明白自己已接触到人性最深处的卑微。也许再变成一个婴儿，他就能够再度成长并且成长得更好。但是，如果必须爬行或像个婴儿般攀附在别人肩上，他还能再复出于公务生活吗？不，天哪！如果他

※轮椅上的罗斯福

真想再出现在演说家的讲台上，他就必须用自己的两只脚站着，也就是说他必须探索出医生所知道的各种新治疗法以及新观念，来恢复他萎缩而麻痹的肌肉。

在马萨诸塞州马瑞安的威廉·麦唐纳医生是他的第一位治疗专家，几年来，罗斯福和爱伦娜每年夏天都去马瑞安，这样罗斯福才能从他那里学到特别的运动。

不久，罗斯福满心欢喜地从洛维特医生那儿知道游泳对他的身体有好处，他第一次在水中移动双腿时，简直兴奋得不得了，那种活动的方式在陆地上根本是不可能的。

"身体被水支撑着，双腿上不必施加任何力量便可以完全自由地活动。"医生解释道。

温森·艾特斯一家住在哈德逊，离罗斯福家只有短短一段的距离。他们常邀请罗斯福去他们的游泳池游泳，他便时常去那里。

"水把我带到这里，它也会把我送回去的。"他一边漂浮、一边高兴地对他的司机大叫。

不久，他发现阳光是另一个很好的肌肉及神经恢复剂，他开始计划佛罗里达的冬日假期。

至于其他活动的安排，他的明细表开始变成像往日一样有惊人的长度。他坐着轮椅在屋子里四处转来转去，爱乐·韩德小姐口述信件，他便和路易斯·何威商量事情，此外，他还跟别人讨论计划伍德洛·威尔逊基金会的建立，以便促进威尔逊世界和平的理想的实现，因为那是前任总统牺牲健康也要追求的理想。

参加童子军活动是罗斯福生病前最喜欢做的事情之一，他决定继续为他们工作，担任大纽约团队的主席。

他和爱伦娜一致认为到秋天时他就可以开始考虑回到他的律师事务所上班了。

"哦，不，罗斯福！"他的母

亲喘着气说，“你必须再多休息休息，你太贪求无厌了，你会使自己操劳过度的。”

也难怪萨拉夫人会气急败坏，因为罗斯福时常会因为来来往往的人群而使自己呈现出一片混乱。在路易斯·何威的协助之下，爱伦娜对政治的态度变得更为积极。她和何威都认为她的活动可以刺激罗斯福恢复更多的事情，特别是政治事务，她开始继续做社会福利工作，并且在许多妇女俱乐部发表演讲。

自从1920年宪法第十九条修正案通过之后，美国各地的妇女都有了选举的权利，于是妇女俱乐部变得更为活跃了。爱伦娜又将另一个人纳入她的家庭：莫维挪·汤普森——她的私人秘书。这两个女人是在红十字会的工作中结识的。

罗斯福的孩子们很快就喜欢上汤普森小姐，他们为她重新取名为“汤米”，他们也喜欢爱乐·韩德

罗斯福是美国历史上最伟大的总统之一，为了纪念他，美国人以他的名字命名了一艘航空母舰。图为罗斯福航空母舰上的战斗机

※睿智深沉的富兰克林·罗斯福

小姐，但是，他们却始终无法喜欢路易斯·何威。他有讨厌的哮喘咳嗽以及难闻的香烟味，衣服也从来没有烫平过，为什么他就能够在这个家里拥有最优越的地位呢？

虽然他们的父亲可能会残废，但他们知道他仍然是这个家的家长。路易斯·何威是罗斯福最好的朋友，罗斯福的孩子们也必须接受这个事实。

罗斯福的残疾使他对家人表现得较为严厉，但也只是当他们惹得他不高兴时。1922年秋天，艾略特反对被送到格罗顿，他便因此了解到招惹父亲是不明智的。富兰克林·罗斯福对于儿子的反抗吃了一惊。他对格罗顿有一种盲目的偏爱，他爱这个学校，詹姆斯也爱，所以艾略特也必须学习去喜爱它。感情用事的哭闹和眼泪是没有用的，艾略特最终还是去了格罗顿。

没有人比罗斯福更清楚，他的个性已经因为他的病情而有所改变了。他的意志力变得坚强无比，同时他的内心已变得愈来愈深沉，他的价值观也更为深奥。罹患小儿麻痹之前，他已经被渐渐培养出一种民主而博爱的态度，可以说已超过了他受的教育所可能培养出的程度，也十分清楚自己属于上流社会阶层，并且应该具有亲切对待贫穷与疾病的态度。现在，他突然变成了那些需要帮助的人之一，必须接受别人的帮助。他对世界上的“穷人”——那些没有食物的人、那些没有工作的人、那些没有健康的人以及那些没有腿走路的人逐渐产生了一种全新的观点。

罗斯福的父亲说过，有财富和有能力的人应该为别人的福利而奉献自己。因此，一旦他能再回到政坛——他一定能够返回的——“奉献”这个词对他就有了新的意义。

自从离开医院，罗斯福就一直

知识链接

州 长

州长是联邦制国家中第一级行政区（州）的行政长官，负责统筹州内的行政事宜。根据美国宪法，除了联邦政府的权力之外，其余权力均留给各个州。因此，美国的州长的权力相对来说较大。此外，美国的州长全部由民选产生。

历史上，美国属地未建州时，总督也由总统任命，但现存五个属地（波多黎各、美属处女群岛、美属萨摩亚、北马里亚纳群岛、关岛）的总督皆由民选产生，他们也是美国州长协会的会员。美国唯一没有州长的地区是首都华盛顿，其行政长官是市长。

州长选举的结果反映出美国政治版图发生变化的某些迹象，新州长一般会实行更符合本党理念和利益的政策，也会为两年之后的总统大选创造有利条件，所以美国两党都全力争取赢得州长的选举。

以邮件的方式与全国各地的政治团体保持联系。他以民主与世界和平为题，写下了激励人心的文章，然后送到各处的晚宴及聚会场所。事实上，他让自己的名字活跃于政坛的做法是成功的。民主党机构还散播了一些谣言，说他于1922年被要求出来竞选州长。

“不是这一年。”罗斯福听到谣言时对外宣布。

这一年他希望阿弗烈·史密斯出来竞选纽约州州长。在路易斯·何威、爱伦娜、爱乐·韩德小姐和汤米的帮助下，他尽了一切力量促成了这件事。他也得到了莫根德一家的帮忙。莫根德是罗斯福一家在哈德逊河谷地的邻居。许多年前，罗斯福竞选州参议员时就在他的红色麦克斯威尔车上认识他了。爱丽娜·莫根德（小亨利·莫根德太太）和爱伦娜是密友。

他对于阿弗烈·史密斯第二次的赞助真正驯服了坦慕尼那只老虎。当共和党横扫其他各州时，阿弗烈·史密斯却在纽约州获胜。11月，大选热闹而混乱的场面过去之后，罗斯福十分期望那只老虎能够真的被安抚住。

罗斯福必须整装待发，他必须运动、游泳以及灵巧地运用那些肌肉，使之恢复生机。他必须征服拐杖！他的家人认为他太过于劳累，但是他了解自己的体力。他在海德公园的庭院中通过做双杠运动来恢复他的手臂和肩膀；他也常常拄着拐杖沿着碎石子路艰苦地步行，每次

都努力地增加几步。拄着拐杖“行走”是一种平衡前后活动的动作，具体做法就是把拐杖在前面放好，然后他抬起装着大约四十磅重的钢撑木的腿迈向拐杖。

1922年晚秋他已经决定回到他的事业中去。华尔街52号他自己的律师事务所的前面有阶梯，但是在百老汇120号的信托公司前面却没有，因此，就在他生病一年后，就又回到信托公司去上班了。

他可以用轮椅将自己快速地转进大厦，但是回去工作的头一天他却决定用“走”的方式。当大厦管理员打开车门后，他就把腿悬垂出来，然后伸直，再弹锁上撑木的膝部接合处，最后在司机的帮助下把自己拉到可以站立的位置然后接过拐杖。

一小群人聚集起来观看这痛苦的动作。罗斯福穿过人行道，沿着大理石走廊缓缓前进。每次他把拐杖放在面前，司机就伸出一只脚抵住以防他滑倒。

“那不是罗斯福先生吗?我不知道他已经残废成那个样子!”一位好奇的人说。

突然，一根拐杖失去控制而掉在滑溜溜的地板上，罗斯福仰天翻倒在地，发出一连串轻微的喘息。如果观众们期望看到眼泪、愤怒或者尴尬，他们就会失望了。他像个跌在雪堆中的快乐孩子般坐起来大声叫道：“你们这些年轻人，哪一位来帮帮我吧，对我的司机来说，我实在是太重了。”一位年轻人真的走上前将他扶起来，那个年轻人是个颇具吸引力的人，有一头黑发，不很高但是很壮。他们进了同一个电梯，罗斯福的神色自然而和蔼。

“我叫罗斯福。”

“我知道，”年轻人说，“我认得出你。我叫欧克那，贝索·欧克那。我在这座大厦里有一间律师事务所。”

这是另一份终生友谊的开端。罗斯福从一星期到办公室两天，逐渐增加到三天、四天，于是他们彼此更加频繁地见面了。几个月后他们便谈到合伙成立自己的企业——罗斯福及欧克那律师事务所。这个协议于1925年1月1日开始执行。

罗斯福和贝索·欧克那建立友谊的头两年里，一直不断地接受治疗和练习使用拐杖。1923年初春，他尝试度过了一个到佛罗里达的假期，乘坐着一条租来的游艇——威欧那二号，在船上做钓鱼旅行。之后，他晒得黑黑的并生气蓬勃地回到纽约，向人吹嘘他钓到了很多鱼。即使克瑞宾有鲨鱼群的水域限制着他不能游泳，他还是相信温暖的阳光绝对会对他有所帮助。

“明年冬天我要买一条游艇再去那儿。”

罗斯福把夏天分在马萨诸塞州的马瑞安和海德公园两地度过。渐渐地，由于萎缩而软弱无力的腿部肌肉有点恢复了，但是他心里明白，如果没有撑木，他的腿绝对支持不了自己的体重。

因此，爱伦娜必须当他的“腿”，陪他做政治旅行、演讲以及出席会议。

但是还不仅如此，民主党全国代表大会将于1924年6月在纽约麦迪逊广场公园举行，他打算去那里参加会议。

1924年大会之前几个星期中，罗斯福的家里非常混乱，党的领袖们不断地来来去去，爱乐·韩德小姐的工作多得做不完。路易斯·何威简直心醉神迷了，有时候他看起来似乎比罗斯福本人还要高兴，因为罗斯福即将复出政坛了。他要用自己的两只脚站在广大的民众面前，推荐提名阿弗烈·史密斯。

何威热情地宣布，有一天那被置于提名名单之中的人将是罗斯福，何以见得呢?就在几个星期前，他进入罗斯福的卧室跟罗斯福谈话，当时罗斯福正在吃早饭，罗斯福高兴得双颊泛红，拉开被单露出一只脚，指着它大叫：“看呀!路易斯，我可以扭动脚趾了!”

罗斯福经年累月地努力增强那些软弱而缺乏生机的四肢的活动力，他背上的肌肉正在恢复，他决心让腿部的肌肉也康复。

罗斯福不但要去发表提名演讲，还愿意担任纽约州“拥护史密斯当总统运动委员会”的主席之职。在大会上，纲领宣言委员会将

知识链接

马萨诸塞州

马萨诸塞州是美国的一州，正式名称为“马萨诸塞联邦”，位于美国东北，是新英格兰地区的一部分。在中文中，通常简称“麻州”或“麻省”。马萨诸塞州东濒大西洋。大部地区丘岗起伏，海蚀地貌与冰碛地貌广布，西北部是新英格兰高地的一部分，西北角的格雷洛克山海拔1064米，为全州最高点。海岸线曲折，多优良港湾。属温带大陆性气候，年平均降水量1000毫米。1788年加入联邦，为美国独立时最初13州之一。

知识链接

美国三K党

美国三K党的标志

美国的三K党是于1866年由南北战争中被击败的南方邦联军队的退伍老兵组成的。在其发展初期，三K党的目标是在美国南部恢复民主党的势力，并反对由联邦军队在南方强制实行的改善旧有黑人奴隶待遇的政策。这个组织经常通过暴力来达成目的。1871年，尤里西斯·格兰特总统签发了三K党和执行法案，强行取缔了这个政治组织。

第二个使用这个名称的组织是在1915年由威廉·西蒙斯在亚特兰大附近的石头山顶建立的。这是一个营利性组织，其宗旨在于赢取白种新教徒对于黑人、罗马天主教徒、犹太人、亚裔及其他移民的相对优势地位。这个组织宣扬种族主义，并且实施私刑和其他暴力行为，但是却在美国公开运作，并且在20世纪20年代的巅峰时期拥有四百万成员，其中包括在政府各级机关中的政治家。在经济大萧条时期，该组织的发展跌入了低谷，并且在第二次世界大战之中因为征兵或者志愿参军而损失了很多成员。

该组织的名字“KuKluxKlan”也曾经被其他许多组织所使用，其中包括20世纪60年代反对民权法案和鼓吹人种差别待遇的组织。在当今美国和其他国家，仍有数十个组织使用全部或者部分词语作为名称。

感受到他的意见的分量。这一年的争论很激烈，三K党是个主要的阵营，罗斯福希望纲领宣言中能有项条款来抨击三K党以及它所代表的歧视和偏见，另一个问题是关于国际联盟的，他当然希望能够采取积极的主张。此外，妇女团体坚持主张权利平等条款。

再度处于政治的激烈中心使他兴奋极了。他的儿子詹姆斯现在长得和父亲一般高，也即将从格罗顿回到家了，他要陪父亲去参加大会，当父亲的助手。

像往常一样，共和党大会首先召开。这次共和党表现得坚强而团结无比，他们提名马萨诸塞州的克尔文·柯立芝。民主党也像他的对手们一样在大会上聚集了欢乐而喧闹的支持者，但是却比较不团结。事实上，他们在每一个主要的问题上都有分歧：国际联盟、三K党以及禁酒案。民主党设法采纳一条政纲赞成联盟，但是反对三K党的决议却还是被一票否决了。

路易斯、罗斯福以及所有的主要党员都很清楚，他们面临太多问题；罗斯福像任何人一样知道他们对总统候选人的选择是事情的关键难题。

富兰克林·罗斯福丝毫没有丧失他旧日的政治才能，事实上，他在生病休息期间也有机会深思熟虑而使自己的政治才能有所增进。当观众们看到他坐着轮椅被推到台上，找到自己的位置，和其他发言人坐在一起时，那宽大、拥挤、燥热、不通风又紧张的大厅里所有人的情绪都更加高涨了。很多传言都指出他将在这一年复出，其中有很多的传播者都是他忠实的支持者。

罗斯福凝望着民众，想到口袋里的演讲稿以及倾注其中的努力和与许多帮手的磋商，对他及阿弗烈来说这都是重要的一刻。主席介绍完之后，他伸直腿，锁上撑木，靠着别人的帮助站起身来，接过拐杖，然后不靠别人的搀扶而自己“走”到发言席上。当他努力走过讲台时，全场是一片担忧和赞美的静默——他成功了！他走到桌子后面，用力抓住桌沿以使自己保持平衡。他把拐杖丢开，高高抬起下颏，对欢呼的民众露出微笑，然后开始演讲。剥花生的声音停止了，点燃的雪茄也熄灭了，咕咕哝哝的谈话声也变成了一片静默，整个会场的人都全神贯注地聆听他的演讲。罗斯福告诉他们阿弗烈·史密斯做纽约州州长时的成就，他简化繁文缛节的能力、他的廉洁、他的“打击错误及做不对事情的力量”以及他使对手泄气的能力。“他要凭借着诚意和正直的个性把他所说的话带给每位听众，他是政治战场上的‘快乐勇士’……”

当他说出“快乐勇士”这个词时，大会爆发出的喝彩声盖过了他的结尾。快乐的欢呼是为了阿弗烈·史密斯和富兰克林·罗斯福两人而发的。假如他们提名的是这一位未被提名的人就好了！假如他健康得足以参加竞选就好了！

罗斯福激动、满足而快乐地循着原路回到他的轮椅上，他离开讲台之后大会才平静下来。

会场中另有一位明星候选人也得到同样的喝彩，他就是加州的威廉·吉伯斯·麦卡杜。要想从麦卡杜那儿攫获足够的票来提名“快乐勇士”将不是一件容易的事。

整个大会是艰苦而悲惨的，因为当代表们开始最后的投票时，显然又将出现停滞的局面。但是，即使是那些很熟悉政策机构的人也无法猜测它会拖延多久，大会从未如此严重失常过。直到7月1日他们仍在开会，第十五次唱票时——麦卡杜479票，史密斯305又1/2票——没有一位能够驾驭大多数。最后的战役是在7月8日接近第一百次投票时，罗斯福再度在大会演讲，他告诉他们阿弗烈·史密斯将撤销提名，如果麦卡杜也这么做的话。起初麦卡杜拒绝了，但是几天以后他和史密斯都撤回了他们的名字，于是大会又提名另一位黑马——维吉尼亚州的约翰·戴维斯，于是，一个坚强的共和党年便开始于此。现在民主党已经失去了公众的尊敬，所以在大选中几乎等于是输了。

那次大会中，两位杰出的人物并没有失去公众对他们的尊敬。其中一位是阿弗烈·史密斯，他于11月又再度被选为纽约州州长；另一位是富兰克林·罗斯福——新的富兰克林·罗斯福。报纸上报道的都是他的消息，重要的政治专栏作家们甚至写私人的仰慕信给他。

世界晚报的报道说：

“不管史密斯州长是胜或败，富兰克林·罗斯福都突出得像是1924年民主党代表大会的真正英雄。生活中的不幸使他超越了争斗、宗教顽固、个人野心以及小派系的偏见，他因而成为唯一一个可以博得各地的所有党派代表的尊敬和赞美的先导者。”

美国加州地图

温泉谷轶事

富兰克林·罗斯福在大会上遇见的民众中有一位富有的银行家乔治·福斯特·彼伯蒂先生，他也是地方上的领袖。这位彼伯蒂先生大部分的时间都在纽约市，那儿有他的事业，但是他在佐治亚州也有股份。大会结束后不久，富兰克林·罗斯福就收到一封彼伯蒂先生的来信，他告诉罗斯福他在麦瑞威勒郡的温泉谷有一块土地，位于佐治亚州的亚特兰大以南大约七十五里的位置，土地上有一座天然的温泉池，水温是华氏88度，他相信那个池水具有医疗的效力。温泉附近有一家古老的旅馆，他希望罗斯福去试试那个温泉，为了使罗斯福相信温泉水的确可能对他病情的恢复有所帮助，他还附了一位当地人路易斯·约瑟夫的信。路易斯曾因小儿麻痹而无法正常使用他的手臂和腿，但是利用那个池子，他已经能够不用撑木而拄着拐杖走路了。

那封信，足以刺激罗斯福的兴趣，他早已知道游泳以及在水中运动双腿对他身体的价值。事实上，他现在已经能够不用撑木在水中站立了。他去游泳的每一个地方都有水温太冷的问题，那使他无法在水中停留太久，现在如果他去试试这个天然的温泉，在那里，他可以泡在水里一个小时或者更久都不会打寒战。

他甚至没有等到选举日——1924年10月3日，

便和爱伦娜及爱乐·韩德小姐（他总是必须至少有一位秘书在）乘火车到达佐治亚州布拉契维的小村庄去了。这个地方不久前才因为麦瑞威勒旅馆而改名为温泉谷。他们透过火车窗户看到有一群人正在月台上等着欢迎他们，当罗斯福太太从尾部的车厢出来踏上月台时，其中一个人就向她走来，他说他叫汤姆·洛乐斯。罗斯福夫妇马上就知道他是佐治亚州哥伦布地方上《太阳探究报》勇敢的发行人兼编辑，由于他在报上大力抨击三K党，他编辑的报纸已被迫停刊。

五年多以前，由于洛乐斯开始对古老的矿泉产生兴趣，他希望利用出租矿泉来赚钱，但是由于他经营得不很好，便在罗斯福来此的两年前劝乔治·福斯特·彼伯蒂买下矿泉。

和洛乐斯一起的还有洛乐斯太太、出身于地方望族的佐治亚·威金斯小姐及米妮·布洛奇小姐，不用撑木而拄着拐杖的路易斯·约瑟夫以及其他人。罗斯福出现在客车升降口上时，他结实发达的肩膀因夹拐杖而伛偻着。他向民众报以迷人的微笑，让人把他从客车上扶下来，坐进他的轮椅中，然后转进佐治亚·威金斯的车上。

天气晴空万里，空气清新、温暖而充满松香味。罗斯福没想到佐治亚这个地方的地势是如此险峻而起伏不平。邀请他来的主人告诉他，这个山脊叫松山，属阿帕拉契山脉的南部顶峰。

车子开到麦瑞威勒旅馆前面时，罗斯福仰头开怀大笑。那是个巨大、古老的三层楼木质建筑，每一层楼都环绕着宽大的走廊，到处充满着维多利亚式的好看而不值钱的装饰。屋顶上有一个方形的顶篷，但根本没有任何理由该把它放在那里。

"这真是个古怪的好地方！"他快乐地说。

他和罗斯福太太并没有留在那个大旅社，而是立即前往一栋附近的别墅安顿下来，那栋别墅是哈特的。

罗斯福迫不及待地想去试试那个池子，它建在旅馆所坐落的陡峭小山的山脚下。他想立刻知道这里的温泉是否真的能够帮助他。

他从轮椅上下来，站在游泳池边，用强壮的手与臂将自己安然放进水中，从那一刻起，周围的温水浸身，他便感到一种轻松感。那水尝起来并不像他想象的那样——是盐或其他矿物质，但是那并不是真的可以说明它是否有疗效的试验。对他来说，那时最重要的事是，如果他能在水中停留两个小时——当然他也那么做了，那是最好不过的了。他在水里游泳、运动，和其他游泳的人玩球，并且不用撑木便能站直。等他十分疲倦时，他就把自己拖出来，然后就在阳光下晒一个小时的太阳。

当他看到路易斯·约瑟夫在附近走动时，往日的急躁又抓住了他。路易斯在同一个池子里使腿得到了恢复，但是富兰克林·罗斯福却尚未见到自己有任何进步。

“至少要三个星期，罗斯福先生，”路易斯和其他人都劝告他，“在那之后你才能看到结果如何。”

但是全国的大选即将来临！

他和爱伦娜决定，他必须留在这里三个星期甚至更久，而她则将返回纽约去料理政治事务。

“每一个人都非常亲切，今天下午洛乐斯先生开车带我们到附近的乡下旅行，”罗斯福写信给他的母亲，“有许多桃子园，但也有许多因为缺乏人的照顾而荒废的园子。我们住的别墅很可爱也很舒服，别墅的主人哈特一家留给我们两位厨子：洛易和玛丽，有他们两人在，我们的生活将是最舒服的了！洛乐斯一家人就住在隔壁。”

这个游泳池中的水是从地下一个很深的裂缝中喷出来的。罗斯福每天早晨都泡在池子里，下午则跟爱乐·韩德小姐口述信件，整理他收藏的邮票做消遣，或者和洛乐斯一家人到乡下去旅行。

在温泉谷的头几天里，游泳池便是他生活的焦点，也许是由于他急于恢复的强大意志和决心，他比任何人预测的都还更快地获得进步。几天之后，他不但能够在水中不用撑木而站起来，并且还能真的走上几步。

在一个美好的早晨，罗斯福向同伴们大叫：“我感觉到了生命！自从病后我第一次感觉到我脚趾上的生命！”他的声音带着明显的颤抖。

这就是答案了！他必须再一次到这里来。下次他站在政治观众面前时就不会有拐杖了，也许甚至连撑木也没有了。

他下结论说他是自己最好的医生，因为当时再好的医生对他的病也所知甚少，唯有他自己才最清楚自身的感觉如何。靠着一位地方上医生的帮助，他画了一些人体肌肉的图解，用来学习每一块肌肉的正确功能，有些肌肉使膝盖弯曲，有些使它僵硬，有些是用来走路、站或坐。

他现在已经相信克里克印第安人的传说：这个温暖的矿泉有医

疗的效用。在白人到来之前，他们总是带病人和受伤的战士到温泉去医治，他们对温泉有极大的信心，因此这个地方被所有的部族尊为圣地。在那个地方没有一个人会被敌人侵犯，而现在有多少“伤者”必须被带到这个地方治疗呢？

“等我回去，”罗斯福在另一封给母亲的信中说，“我将要和乔治·福斯特·彼伯蒂先生做一次长谈，因为他对这块土地有实际控制权。我认为这里可以被好好地建立成一个医治小儿麻痹及类似疾病的伟大‘治疗地’。”

回到纽约市，除了彼伯蒂，罗斯福还告诉更多人他的发现和恢复的进度。他在1月开始处理他和贝索·欧克那合伙开的那间律师事务所的事务。4月1日他又回到温泉谷停留了六个星期，这一次，各方面都感受到了他强大的统帅力。

身为全国政治人物，又于初次到温泉谷之前才发表“快乐勇士”的演说，地方上的报纸很自然地就发现了他的来访。其中有家报纸发表了一篇关于他的夸大事实的文章叫作“游回健康”。这条新闻通过联合组织被其他报纸发表，并且在他及温泉谷上花费了许多笔墨。

他二度来访温泉谷，听到有两名麻痹症患者已坐火车来此且正潦倒地待在车站时，他便和汤姆·洛乐斯以及其他人商谈了将这个地方发展成疗养地的可能性。这两人显然是自愿而来并希望奇迹出现的。

“暂时把他们安置在村庄上的旅馆里，”他说，“在我们为他们安排在这儿的地方以前。”

一栋不堪使用的别墅很快就被修缮好了，罗斯福立刻为它取名为“残骸”。

其他的病人也都由于公共宣传而陆续前来，最后来了十个人。罗斯福很高兴，但是对于经营旅馆，特别是度假旅馆，有些事情他必须要学习。那些残废的人出现于餐厅时，在麦瑞威勒旅馆度假的人们都冷冷地看着他们，当那些度假的人发现残废者也与自己在同一个游泳池里游泳时便提出反抗，他们不愿被“传染”小儿麻痹，要跟这些人解释不会有染上任何疾病的危险是很难的。

起初罗斯福试着不去注意这个争论。他和路易斯·约瑟夫及那十个人一起进入游泳池，鼓励他们，给他们加油并教导他们游泳。他把路易斯按进水里，路易斯也到他后面把他给按进去，他们拿着一个大橡胶球扔来扔去。另外，还有一位来自宾州的高大而消瘦的男士福瑞德·包兹以及两位胖胖的女病人没有下水，罗斯福鼓励他们进入水中学习站立——罗斯福“医生”正在“解救众生”。

但是其他旅客的叫嚣声渐渐变得太大而不容忽视了。因为麦瑞威勒旅馆还需要他们的惠顾，富兰克林·罗斯福自费为病患们兴建了第二座游泳池，他把麦瑞威勒的一楼底层清理出来，整顿成为隔离的餐厅。

爱伦娜·罗斯福不久就在温泉谷与他会合，她带来了将近十九岁的安娜，还有路易斯·何威以及安娜的警犬“酋长”。警告安娜“酋长”会受当地树林中的扁虱之苦而不要带着它是没有用的，因为如果少了这只狗在身旁，罗斯福一家人就会感觉不完满。

罗斯福家的男孩子们那时候都在学校，但是一有机会他们就会来到这座温泉谷。爱伦娜和路易斯·何威不久就加入了与罗斯福及其他人的长谈，讨论罗斯福对这个地方未来的筹划。

那年夏天，罗斯福回去看了马萨诸塞州马瑞安的麦唐纳医生。即使那儿的水对于那种治疗法来说是太冷了，麦唐纳医生仍以其他的方式来帮助他。他让罗斯福绕着一个方形的围篱一遍遍地走，要他扶着篱笆前进而不使用撑木。麦唐纳医生还教了他一些对他个人安全很重要的东西，例如如何用双手在地板上移动而使自己快速离开房间——假如他独自在家而房子着火的话，那种方法就能够让他救出自己。

1925年夏末，他已经真的能够走上几步了，并且只有左脚还需要戴着撑木来使用拐杖，他的右脚已逐渐康复。

他的冬天是在纽约市过的，其间他和贝索·欧克那一起工作以发展他们新的律师事务所；和政治领袖们保持联系；援助伍德洛·威尔逊基金会；和汤姆·洛乐斯及乔治·福斯特·彼伯蒂磋商开发温泉谷的事宜。他是个活动很多的人，但所有活动中目前只有两项对他最为重要：那就是通过世界组织从事世界和平运动以及了解并征服小儿麻痹的运动。

在温泉谷的经营正不断地赔本，他们不能再用那种方式继续下去了。汤姆·洛乐斯不是个非常有效率的经理人，罗斯福知道洛乐斯的健康有了严重的问题，他也明白彼伯蒂不会有足够的想象力来实现他对于这个地方的宏伟构想。因此，只有一个办法可能解决这些问题——从彼伯蒂手上买下这个地方自己来经营，当他的家人知道他心中的想法时大为吃惊。

"罗斯福！那会花费你大部分的积蓄。将你的积蓄孤注一掷是不明智的！"爱伦娜警告他。

罗斯福听了却只是笑笑。

2月，他买下了在佛罗里达的游艇——"拉如哥"号，"拉如哥"号是他向往已久的东西，他要乘着它在海岸边上钓鱼巡游。旅途中他得到汤姆·洛乐斯逝世的消息，便立刻给洛乐斯太太写了一封安慰信。

当他停泊在西钥时，查理士·彼伯蒂——乔治·彼伯蒂的兄弟——上船来做客，威廉·哈特——温泉谷哈特别墅的主人也来了。罗斯福带他们做了一次钓鱼旅行，航程中他给他们留下了一个他可能会买下古老的麦瑞威勒及它所属的一切的印象。回到岸上后，他带他们到西钥海军造船厂，将他们介绍给所有他在战争中认识的海军官员，并带大伙儿到外面去吃饭。事实上，他在那次与他们一起的旅行中请了四天的客。他们离开时都因感染了罗斯福的那份热情而显得容光焕发。一星期后，罗斯福写信给母亲说——

看来好像我必须买下温泉谷了。如果我买了，希望你会对它有兴趣，因为我觉得你的许多建议都会对我有所帮助，这个地方的经营状况必须加以改善，不但要做许多好事，还要得到财务上的成功。

工作中的罗斯福

温泉谷将成为复健中心，他要尽一切力量使之成功。

"我来之前不要签署任何文件，我搭下午的火车到。"他的律师合伙人拍来的电报上写着。

贝索·欧克那到达后，与罗斯福一起在那片土地上漫步，研究罗斯福所绘的草图，并且讨论了很长的时间。贝索·欧克那仍然怀疑这项投资是否值得，但是他们依然决定成立一个非营利性的公司——佐治亚温泉谷基金会，贝索·欧克那答应一回到纽约就起草报告。

富兰克林·罗斯福已经买下了麦瑞威勒及大约一千二百亩的土地，那片土地上有克里克印第安人的治疗圣所。没多久，新的基金会又从他那儿买下了那块土地，他收到一张基金会的期票，票款大约二十万元，他已经担保以分期付款方式来偿付那块土地。但是基金会不必偿还他所付的钱，直到他去世。然后，他领到一张金额相同的人寿保险单，受保人是他自己，而基金会是他的受益人。如果他真的死了，保险金便可以清偿债务。罗斯福是个头脑清楚而机灵的计划者，他的妻子、母亲和欧克那应该都记得那件事。

至于对那个地方的经营，他也不太有把握能妥善进行。他不是医生，他一听说全美整形外科学会将于佐治亚州的亚特兰大召开年会，便前往游说请他们派专家去调查他那块土地并且提出相关建议。他们指派了一个由三位专家组成的委员会，接着，他聘请了治疗小儿麻痹病例已近十年的纽约州外科医生乐

※罗斯福铜像

若·哈伯特、治疗学家海伦娜·莫何妮小姐，几位受过训练的护士以及一位游泳老师。他们要去观察罗斯福"医生"的病人，与他们在一起工作，然后向医学界报告他们的发现。

罗斯福希望能够立刻拆毁那些差劲的建筑，那些都是由火绒等易燃木质建成的建筑物，总有一天它们会被安全、美观的现代化的建筑所取代。

他一想到这个地方是属于自己的，就无法控制自己的热情和想象。那里必须有为拄拐杖的人而铺的平滑道路以及为轮椅而建的坡路。如果他不能立刻改进，至少那些肮脏的建筑可以重新刷刷漆。他拟定了许多计划和草图，开玩笑地称自己是个业余工程师及景观艺术家，他邀请了所有他认识的有钱人到那儿一游。

温泉谷现在已经成为病人的游泳池、餐厅、住宿区——度假人士为他们自己找到了另一个休闲场所。但是，它仍然具备所有度假旅馆的迷人特色，一点也没有医院的无聊、阴森。

1926年5月底，这个地方已经"开放"并且受爱格伯特·柯帝斯的管理。

罗斯福返回纽约，和这个新兴的非营利公司的创办人及第一任干事等做了一些商谈。这些干事和发起人包括富兰克林·罗斯福董事长、贝索·欧克那秘书兼会计、乔治·福斯特·彼伯蒂、路易斯·何威以及其他人。

会谈完毕后，他便摇着轮椅前去参加他女儿和柯帝斯·杜尔的结婚典礼。安娜·爱伦娜是他最大的孩子，也是唯一的女儿，她现在已经长大并足以当他的朋友，因此这场婚礼也是个令人伤感的分离。回忆起来，他们曾有过激烈的争执，那是在他得病初期，那时安娜正值青春期，这是一个敏感易怒的阶段。他的急躁和粗暴曾多次使她落泪，但是那一切都过去了，现在他必须露出愉快的笑容，必须谨慎地使她的婚礼成为她日后永远铭记心头的记忆。那么首先，他必须小心，不要抢走新娘和新郎的光环，不要像泰迪堂哥以前抢走他和爱伦娜的风头那样。

那年夏天另一件家庭大事是他的长子詹姆斯从格罗顿毕业了，成为另一位高大而英俊的"罗斯福"。

他和爱伦娜于1926年8月回到马萨诸塞州的马瑞安接受麦唐纳医生的另一项治疗课程，9月底，他带着对温泉谷的经营持怀疑而不赞成态度的母亲一起回到温泉谷住了六个星期。他开始建造自己的别墅，他希望母亲能够提出她对于别墅以及其他正在做的每一件事的意见。

1927年初他又到温泉谷，这一次停留得最久，从2月11日到5月12日，这回是住在他自己的别墅。另外，他还买了一千二百亩地，以吸引人的设备重新装潢旅馆，并继续着他自己的治疗。此外，他更有惊人的发现，他在玩双杠时，可以将双手举在半空中而不靠撑木站上几分钟了。

他要尽可能地跟人分享这个令人激动的喜悦，佐治亚温泉谷基金会必须成长、扩大，它的设备必须被改善，而他将看到那些事情的完成。

任何来找罗斯福帮忙、寻求忠告，或者为了任何理由而讨好他的人，都必须花些时间来听他讲述温泉谷的故事。

※富兰克林·罗斯福是美国历史上唯一蝉联四届的美国总统

纽约州州长

许多人为了各种理由来看富兰克林·罗斯福，但是大多数人是为了他的政治睿智和才能而来，他建立基金会是为了再次创造民主党的和谐。自从1924年那次凄惨而使其威严扫地的大会之后，在党内和党外都有许多事情要做。他写信给全国各地的民主党领袖，对于党应该勇敢战斗的事提出

※罗斯福第三次连任总统时的照片

名人名言

对于给予我的信任，我将以顺应时代的勇气和忠诚作为回报。我决不辜负众望。

——罗斯福

※入住白宫是很多政界人士梦寐以求的，而罗斯福曾四次进驻

他自己的看法：它应该是伟大的自由党，是自由和宽容的拥护者；它不应该走向极左或者极右，而应该向前走；它也许需要一位新的汤姆斯·杰弗逊来领导。“有一个共同的主张——进步的民主——是我们可以一致同意的。”他告诉他们。

罗斯福尤其希望看到阿弗烈·史密斯再度被提名，于是便努力使之达成，为此，他甚至变成史密斯的大会议场管理员。

罗斯福带着快十八岁的艾略特去参加1928年在得克萨斯州休斯敦召开的民主党大会，让儿子充当他的助手和同伴。四年前他拄着拐杖出现于民主党大会，从那时起，他背部和腹部肌肉均已康复了许多，并且使用撑木也很平衡，他已经能够用一只手倚着儿子的胳膊走动了。

他将再次对另一群情绪激动而喧嚣的听众发表提名演说，这次演说和以往有一点重大的不同——无线电广播网。四年前的大会是十四家独立的广播电台对外广播的，而这次大会将由两个大广播网——全国广播公司（NBC）及加拿大广播公司（CBC）共同广播，全国各地都可以听得见。富兰克林·罗斯福敏锐地意识到面对这种新的媒体，需要一种新的演说技术。他为那些看不见的观众们撰写演讲稿，等到广播了他的演讲之后，广大的听众们便证实了他的确是个金嗓子演说家。良好的家庭教育背景和在格罗顿及哈佛的求学过程给了他优美的发音，而他有力而深沉的声音天生就是适合广播的。

这一次没有僵滞的局面，阿弗烈·史密斯很快就被提名了。1928年7月30日罗斯福已经回到温泉谷，他打算好好休息一下并准备为阿弗烈做竞选活动。

现在他在温泉谷已有整个属于自己的天地，他像个快乐的国王似的统辖着它。病人们嚷着要和他一起玩游戏，邻居们热切地打电话来求证他们所听到的他可能竞选纽约州州长传言，住在别墅里的爱乐·韩德小姐把他的信件一一拆开，再分类整理好。哈伯德医生想检查一下自得克萨斯州大会后他的身体情况，莫何妮小姐正在游泳池等他重新开始他的治疗。地方报纸的新闻记者们也提出一两个问题——

"谈谈您将出来竞选纽约州州长的谣传好吗，罗斯福先生？"

"那是无稽之谈！在我可以考虑竞选任何职务之前，至少还要花上好多年的时间来治我的病呢。"

罗斯福告诉每一个人，他现在对旅馆中新安装的中央暖气系统及正在兴建中的室内游泳池更有兴趣了。他杰出的朋友艾德梭·福特一家人到温泉谷来旅游时，为室内游泳池捐赠了一笔款项以期病人可以得到终年治疗。

罗斯福有另一个还不想出来竞选的原因：他和路易斯·何威及爱伦娜都认为今年不是民主党年。国家在共和党政府的统治之下更加繁荣了，社会上有许多工作机会，人

※佐治亚州标志

民也有许多钱可花，人们不会想冒险去改变现状。阿弗烈·史密斯想在11月打败共和党候选人赫伯·胡佛先生，那将是非常不容易的。

罗斯福太太现在几乎像她先生一样是个政治家了，她正在担任赞助史密斯先生全国竞选活动的妇女活动局的领袖。罗斯福相信她比他更有能力同时在许多地方做许多事。她在许多妇女组织里都很活跃，她为有价值的事情而工作着，从不耽误她的公开演讲；也一直照顾着她的四个儿子——最小的约翰刚进入格罗顿；管理她分在四处的家——海德公园、纽约市、坎伯贝乐以及温泉谷。此外，她还在贵族的塔杭特学校教女孩子们历史和文学。

罗斯福和爱伦娜商量决定，他于9月回到温泉谷，而她去出席罗契斯特召开的民主党州大会。

代表们刚刚为开会而到达罗契斯特时，温泉谷的电话就响了。民主党希望富兰克林·罗斯福出来竞选州长，他们相信他会比其他任何一个人得到更多的选票。他一再地说不，他必须继续他的治疗，最后他干脆停止回答而叫爱乐·韩德小姐来接电话。他的右腿真的正在进步，他想去掉那根撑木了。

但是民主党的工作者从各方面对他施加压力，甚至他女儿也拍了一封电报来怂恿他参加竞选，他则威胁说要打她的屁股，虽然女儿已经是个结过婚的女人了。然后他到佐治亚州的曼彻斯特发表演讲，他站在拥挤的大讲堂的讲台上，等候被介绍，一张纸条被送来给他，说罗斯福太太打电话来，电话已转了过来。

结束了演讲之后他才去接电话。他听到爱伦娜的声音在另一端，但她却只是把电话交给阿弗烈·史密斯，通话质量不好，他就把电话转回温泉谷，告诉阿弗烈等他回家后再打电话。

“罗斯福！”史密斯祈求道，“如果你竞选州长，我将会视它为一项对我个人的帮助。”

他们一定都在那里，挤在电话周围来祈求他。因为赫伯·乐门在电话里说：“罗斯福，如果你竞选州长，我就竞选副州长来减轻你的工作。”

爱乐·韩德小姐可能已看到罗斯福的表情有了让步之意，因为她坐下来开始哭泣。

史密斯又打电话来。

“罗斯福，”他问道，“如果我们继续要求提名你，你会拒绝竞选吗?”

“我不知道，”罗斯福在电话

中哽住了，“我不知道。”

他把电话交给爱乐·韩德，但是他不敢注视她。因为他知道这天结束以后他就将成为纽约州州长的民主党候选人，当然能干的乐门先生将和他一起工作却是令他欣慰的。

当大会在罗契斯特愉快地举行时，温泉谷却充满着忧郁。富兰克林·罗斯福将不只牺牲他的健康，也将牺牲原本将承载他整个未来的温泉谷计划了。

瑞斯寇先生是阿弗烈·史密斯的竞选经理人。“我从不知道任何人为了帮助你的党而比你做过更多的牺牲！”约翰·J·瑞斯寇——奇异汽车公司的总经理在信上这样说。

罗斯福的忧郁持续了一阵子，但是不久他的声音便回荡在整个游泳池：“哦，如果我要出来竞选州长，厌恶它对我们大家都没有用的！”

1928年10月初他返回纽约，和总部人员一起在纽约市毕特摩旅馆开始他的竞选活动。有些他请来一起工作的人是终其一生都对他忠诚不变的，因为爱乐·韩德小姐生病留在温泉谷，葛丽丝·杜魔小姐成为他的秘书。另一位是撒姆尔·I·罗生门律师，他为罗斯福的演说贡献良策。小亨利·莫根德、罗生门及路易斯·何威等人组成了阵容强大的竞选队伍。

对手开始散播谣言，说富兰克林·罗斯福因为跛得太厉害而无法参加公职竞选，但是他们的谣言很快就不攻自破了。罗斯福以其惯有的周密态度到全国各地进行竞选活动。对于这场“赛跑”，他大笑着宣布他将“徒步”参加。爱伦娜则尽全力支持阿弗烈·史密斯竞选总统的活动。

1928年11月的大选对民主党来

圣经

※罗斯福曾出任纽约州的州长。图为纽约美景

说是个纯粹的悲剧，除了纽约外几乎每个地方都是如此。以赫伯·胡佛为首的共和党提名候选人获得压倒性的胜利，得到四十八州中四十州的票。甚至一些曾经热衷于民主党的南方的州都把票投向共和党。那些州有些是因为反对天主教的偏见，有些则是因为共和党发展的趋势。

纽约的选举结果是保密的，保密得直到第二天早上罗斯福都对他的当选不敢确定。罗斯福疲倦而高兴地计算了一下他卷土重来的时光——七年！他只有四十六岁，仍在壮年期。他的前面还有很长的日子，他需要很多精力和信心去度过这些时光。

他下一步的计划是到温泉谷再做一次休息，然后为了庆祝圣诞假期的家庭团聚而回到海德公园。他们一家人在起居室里围绕着巨大的圣诞树，每一个人都围着摆满雕花玻璃餐器和银器的大餐桌，有五个年轻的成人——他们曾是五个小孩

子；罗斯福那头发花白的母亲，脸上洋溢着骄傲的神情，她已经从他的政治生涯中退休了；他全心奉献的妻子，每一个人都笑着、谈着，抢着报告消息给大家听。

但是1929年的元旦将以新的方式庆祝，那天是他出任纽约州州长的就职日。一本1686年于荷兰印制的古老家庭用的《圣经》被从海德公园带到了爱伯尼，罗斯福是将手放在那本《圣经》上面宣誓就职的。

罗斯福以自己一贯的作风全心全意地投入这份工作，显然忘了他曾有意让乐门先生来冲锋在前。他在州里所任命的高层人员都知道，他希望他们也能像他一样尽心尽力。

甚至他的对手也必须承认他的知人善任，他总能选择能干的人来担任困难的工作。在劳工部的法兰西斯·柏金斯小姐一直做着杰出的社会工作，他任命她为工业局局长；小亨利·莫根德成为农业顾问委员会的主席；撒姆尔·I·罗生门则是州长顾问。

富兰克林·罗斯福做纽约州的州长有四年之久。在任期中，他经常到各地视察并亲自调查许多问题。他曾在康乃尔大学与农业专家磋商，和地方政府的人员闲谈，调查劳工和商业问题。

他的助手换了葛恩西·克罗斯，不再让儿子艾略特留在自己的身边。他不能期望他的儿子老是跟自己在一起，因为他们必须完成他们的学业并且过他们自己的生活，这样才会使他们觉得有自由可言。

身为州长，罗斯福并不认为纽约州与国内其他州是分离开来的，纽约州的农民和西部或南部的农民有着同样的问题，工厂工人及各行各业的人也都一样。他时常与全国各地保持联系，现在他觉得这么做更重要了。

要列出罗斯福做州长时与他通信往来的国内外所有知名人士是不可能的，一些比较突出的人是田纳西的国会议员科德·赫尔、维吉尼亚的理查和亨利·拜德、威尔·罗杰斯、哈佛教授菲力克斯·法兰克费特、在东京的诺慕拉海军中将以及加拿大首相威廉·赖恩·莫肯西·金。

他们都慷慨地与罗斯福分享他们的知识和经验，因为他本身是如此和蔼而善于交往。

下面是他从爱伯尼写给一位旧金山的朋友的信——

我的家正在经历一场考验，詹姆斯的肺炎正在痊愈之中、艾略特

将要开刀、小罗斯福的鼻骨断了两次、约翰的膝盖上刚被拿掉一块软骨、安娜和她先生柯帝斯·杜尔在欧洲度假，他们的孩子跟我们一起住在州长官邸。爱伦娜仍在纽约教书，一星期去两天半，而我正和共和党立法机构的领导者进行着一项无间断的辉煌战斗，这真是一段刺激的生活！

罗斯福从通讯往来者那儿知道1929年的日子真的不好过。全美国出现经济危机。整个新英格兰经济萧条；南方的棉花种植者有他们自己的地方性不景气；偏远的西部有其他危险信号出现；由于禁酒法，在大都市有许多私自造酒和歹徒犯罪案件。柏金斯小姐不断给他送来纽约州增加的失业情况报告，这是他最关心的问题。

股票于1929年10月大跌，一般民众开始了解他们所享受到的繁荣只是通货膨胀的结果。罗斯福于1930年再度出来竞选时，经济萧条已经蔓延了，全国各地的失业和各种不良的社会现象发展得愈来愈严重。

州长选举日之前几个月，面对纽约州的失业问题，罗斯福州长已经断然采取了一些有效措施。他与共和党所统治的立法机构的“辉煌战斗”之一便是要他们通过失业保险，但是他知道那是需要一段时间的。这个观念很新颖，事实上，他是第一位为此而奋斗的州长。他成功地说服他们通过了一条法案：设立临时紧急援救管理局，一般人只知道第一个这类机构是TERA。R·H·马西公司的总经理杰西·施特劳斯组织着这个机构，而优秀的年轻社会工作者亨利·霍普金斯则被任命为它的主管。

就这样，亨利·霍普金斯走进了富兰克林·罗斯福的政治生活，他像路易斯·何威一样，在罗斯福的有生之年都忠诚不变。霍普金斯曾参与了1928年的竞选，但是直到他到TERA任职时才和罗斯福真正熟识。

霍普金斯出生于爱德华州，大约比罗斯福小八岁，差不多从他大学毕业后就被拉入各种社会福利工作。1930年，他被任命为TERA的主要官员时，亨利·霍普金斯对贫穷以及失业等社会问题都已非常熟悉。他清楚地知道什么地方最需要帮助以及该如何经管它。事实上，其他州也很快就开始模仿TERA去照顾他们的失业人口。

竞选总统

1930年，富兰克林·罗斯福获得绝大多数人的支持而再度被选为州长，这部分是因为他的优秀政绩，部分则是因为政治潮流转变的事实。自然，当权的党派因经济恐慌而被指责，即使它发生的原因可追溯到历史，即使同样的经济恐慌也正在世界上其他国家发生。

第二年夏天，罗斯福出席了一个在印第安纳

※印第安纳州

州召开的各州州长会议，无疑地，他是党内最受欢迎的1932年总统候选人。他已赢得了纽约州选民的信任，因为他表现出了自己对他们有信心。

没有其他的州长会如此自由而经常地在收音机里跟他们谈论民众自己的问题。像威尔逊曾经命令把围障拆除让民众进来一样，罗斯福也下令废除陈腐的传统而让人民了解正在进行的事情。他告诉他们他的监狱改革法案，希望监狱中拥挤的情况和差劲的伙食得到改善，这个法案州议会通过了。他还告诉民众们他对于养老金、较好的工作条件以及兴建新的医院等的想法。

罗斯福提出问题的勇气有时使党的领袖们深感困扰，禁酒法是个最好的例子。那真是个棘手的问题，两党的意见有分歧而都不敢提出坚决主张。罗斯福反对禁酒法，因为他反对因造私酒给歹徒们带来暴利和权势，他出来就是为了这条法律的废除。

但是到了竞选总统提名时，民主党内出现一个尴尬的场面——阿弗烈·史密斯想再度出来竞选。

罗斯福和史密斯这两位党内顶尖人物的友谊在罗斯福任州长的几年里慢慢被冲淡了，因为罗斯福很少向这位前任州长请教，并且在广播上夺走了史密斯的光彩。不久，史密斯和罗斯福开始在国内各州的预选会上争斗，两人都想要争取代表参加民主党全国代表大会的机会。大会于1932年6月27日在芝加哥召开时，他们已经是旗鼓相当的对手了。

共和党大会平和而安静地于两星期前召开，他们再度提名众望所归的赫伯·胡佛为总统候选人，这并没有造成什么轰动。

罗斯福的家人和民主党的工作人员、秘书及朋友们聚集在爱伯尼州长官官邸的起居室。约翰和艾略特在家，爱乐·韩德小姐、汤米、葛丽丝·杜丽和罗生门夫妇也都在。富兰克林·罗斯福坐着，一架收音机放在他旁边，一个能直拨芝加哥的电话放在他的另一边。路易斯·何威和吉米·法利在大会现场，詹姆斯、小罗斯福和安娜也在那里。

经过一段漫长而紧张的等待，大会才进入动议阶段，选举常任主席，最后要求提名演说。紧张的气氛被收音机的尖嘎声和静电干扰提升了不少，那个年代中即使最好的收音机也会有这些干扰。

两位主要候选人及九位获得自己州议员提名的候选人的提名和附议演说持续了一整天，直到晚上

才结束。第一次投票的唱票开始之时正是纽约的拂晓，在芝加哥大约是早上四点半。结果，罗斯福得到666又1/4票，史密斯201又3/4票。罗斯福显然得了多数票，但是他还必须得到2/3的票才行。他用路易斯·何威送给他的长烟斗一支接一支地吸着香烟。现在法利和何威的工作就是劝代表们将他们的票转投给罗斯福。

第三次唱票时罗斯福的得票逐渐达到683票而史密斯则落到190又1/4票。但是还不够！得克萨斯州代表仍然投给了约翰·南斯·卡那，而得州是个大票。如果法利能够转变得州的选择，罗斯福热切地想着……

那时参加大会的代表都已经疯狂了，因为没有人愿意让步，也没有人愿意看到再一次僵滞的局面，那将会贬低他们在选民眼里的身价。当得克萨斯州代表在芝加哥举行秘密协调会议时，爱伦娜·罗斯

繁华的芝加哥

※华盛顿特区的国会大厦

福走进她在爱伯尼的厨房，为每一个人准备了热咖啡、熏肉和煎蛋。得州代表回来后，他们的发言人向大会宣布：得克萨斯州支持罗斯福。

疯狂的欢呼和骚动使得在爱伯尼的收音机振动不已，疲倦的聆听者们都忘记了他们的疲乏而坐了起来。罗斯福的脸上也有了笑容，他强壮的手指紧紧地抓住了椅子的轮子。

这时，加州的威廉·麦卡杜要求向大会发表演说。那是什么意思呢?麦卡杜不是史密斯的人，他自己和史密斯之间的僵滞迫使他放弃了想做总统的野心。

“加利福亚州来此提名一位美国总统，”麦卡杜开始说话，他的声音回荡在宽阔的会议大厅里，“它不是来使大会僵滞或开展一个像1924年那次的破坏性竞争的，加州的44票将投给富兰克林·德拉诺·罗斯福。”

此时，观众们的兴奋使得会议大厅快要爆炸了！他们简直疯狂了！这真是个突破！

罗斯福兴奋地迅速转动着他的轮椅在屋里四处打转，同时还高喊着“麦卡杜太够意思了!麦卡杜太够意思了!”

他的儿子们也欢呼雀跃地把碎纸片丢到空中。爱乐·韩德小姐兴奋地跑去亲吻爱伦娜·罗斯福。街上汽车中的人们开始按喇叭。朋友们、邻居们和新闻记者们都蜂拥进来，闪光灯此起彼伏。

“你仔细检查过我的接受提名演讲稿吗？”罗斯福问撒姆尔·I·罗生门。

“是的，罗斯福先生。”

罗斯福准备好了，他将以打破传统的方式来开始他的竞选活动。他要趁大会还在会期中就搭飞机前往会场以取代花费数个星期来等待一顿接受提名的正式晚餐。

为了完成这趟相当颠簸的飞行，爱伦娜和约翰将与罗斯福一起搭机。约翰有点晕机，但是罗斯福只顾着完成他演讲稿的最后一笔而没有注意到他。詹姆斯、小罗斯

福、安娜，还有狂喜的路易斯·何威在机场等他们。前往大会的途中，罗斯福和何威小声地争论着一些关于他演讲词的问题，同时还透过车窗向街道上欢呼的民众微笑、点头。

"路易斯，"罗斯福最后咆哮道，"我才是被提名的人！"路易斯从那以后就丢下那篇演讲稿不管了。

会议大厅中和往常一样充满了混乱、污浊的空气和雪茄的烟雾。精疲力竭的代表们的领带松了，四肢软了，眼睛由于缺乏睡眠而血丝斑斑，他们都坚持等候他的到来。当突然看到罗斯福站在前面的讲台上，撑木已丢掉，手上拿着一支手杖，左手臂靠在詹姆斯的右肩上时，代表们都好像触了电似的。当罗斯福紧紧抓着演讲台的边缘并且开始用他悦耳的声音说话时，他的心绪激荡得都快要爆炸了。

"我感激你们经过了艰辛的六天后还自动自发地留在这里。因为我很清楚你们都曾和我一样有那段不眠不休的时刻……被提名的总统候选人在全国大会之前出现是前所未有的，但是这却也是个前所未有的时代……"

罗斯福放眼看了看面前这一张张脸孔，看到他们眼中升起的希望像涨满的潮水。

"请接受我的保证，在这次竞选活动中我对于任何重要问题所持的观点将不会留下任何疑点或暧昧之处。"

当时社会中最大的问题是可怕的经济萧条和一千三百万的失业人口，还有饥饿而绝望的人们对当下的制度丧失信心而变得激进。罗斯福仔细地勾勒出他对症下药的政策。

"我国半数的人口——超过五千万人——都以农业为生，如果那五千万人没有钱，没有现金去买这个城市中的制造品，这个城市也会遭受到相同或更大程度的痛苦。"

他想使所有无法以抵押房屋来满足生活费用的小家庭都免于失去他们的家；他希望降低关税以便有更多开展国际贸易的机会，另外，他认为必须将被遗弃或被侵蚀的土地重新进行植树造林，或建造必需的道路和一些公园来增加就业机会。

"我向你们发誓，也向我自己发誓，我要为美国人民建立一项新的政策。"

这是他的使命，这是他的职责，他答应优先为那些深陷于绝望与恐惧之中的人们带来希望和勇气。

身为一个被赋予伟大使命的人，罗斯福从在大会上的喜极而泣转到总统竞选活动中的慷慨陈词。他坐着竞选火车到各地开展活动，和他在一起的是詹姆斯、詹姆斯年轻可爱的妻子——贝西·古新和罗斯福的女儿安娜以及一群新闻通讯员。

在家里，爱伦娜·罗斯福和玛丽·W·德森小姐领导着民主党的妇女运动，新闻通讯员马文·H·麦因特是竞选活动的业务经理，吉米·法利是民主党全国委员会主席。

不管罗斯福走到哪里，他都可以看到希望重现于那些仰头倾听他大胆想法的脸庞上，这就像坐着“五月花号”在广阔的大西洋中航行，没有人知道前面会有什么。暴风雨是必定会有的，但那是具有挑战性的、令人振奋的、充满了变化的。

随着持续了几个星期的舆论调查被统计出结果，罗斯福和他的同僚们看到了正在渐渐涌起的胜利大潮。

罗斯福时常为朋友们的担忧而偷偷窃笑，他们不愿他进行如此漫长而艰苦的乡区巡回演说，大家都怕他会倒下来！他知道党内的人都很苦恼，因为他把政治的舵掌在自己手上而且从事着他自己的竞选活动，但是他们也开始承认他是位精明不减当年的政治家。

1932年的竞选问题很明显：保守党人和传统主义者支持胡佛；自由主义者和冒险家支持罗斯福。罗斯福知道，在像新英格兰那样古老的保守地区，有许多人不管他们自己有多喜欢他，也不能够投他的票。他的老校长安迪考特·彼伯蒂在选举日前写信给他的一位朋友：“我个人希望把票投给胡佛，因为据我判断他是个颇有能力的人，而且会把我认为有可能减轻国内经济紧张的办法付诸政策行动。当我为选政府官员投票时，是不考虑私人关系的，这么做又是不近情理的……”

知识链接

麦迪逊广场

麦迪逊广场被纽约当地人简称为MSG或者干脆就叫作“花园”。它位于全美最大的火车站之一的宾夕法尼亚车站上面，许多乘坐火车来纽约的外地游客，第一眼看到的就是有100多年历史的麦迪逊广场花园，它是纽约的门面。

富兰克林·罗斯福在麦迪逊广场公园向欢呼的观众发表演说后，就结束了在他家乡纽约州的竞选活动，然后在波福克西发表综合广播演说。

选举日那天，罗斯福一家人到海德公园的投票所投票。那天晚上他们在纽约市东六十五街的房子里为亲密的朋友举行了一个私人宴会，饭后他们全体开车到毕特摩旅馆听取投票结果统计。

结果证实罗斯福获得了压倒性的胜利，他得到了大多数的投票——共计四十二州的投票。

这次他和他的那帮朋友及家人都面色凝重，因为他们知道大家责任很重大。曾经在宴会中加入他们来保护这位新总统候选人的两位美国情报机构人员将常常跟他们在一起了，因为现在他们的罗斯福，已经属于美国人民了，他必须随时受到小心的保护。

罗斯福先生为了配合摄影师们的工作而来到大舞厅，他在麦克风中说道：“我想说的只有一句话，在美国有两个超过其他任何人而对这次伟大的胜利居功至伟的人：一位是我的老友兼助手路易斯·麦亨利·何威上校；另一位则是优秀的美国人吉米·法利。”

一有时间离开总部，罗斯福和一家人便回家去了。

那天晚上最后和罗斯福在一起的人是他的儿子詹姆斯。他帮助父亲准备上床，因为罗斯福先生没人帮忙时是无法穿脱衣服的。詹姆斯一言不发地观察着父亲对于麻痹已经克服了几成，他发现父亲下半身的肌肉、背部及腹部都完全康复了，大腿部分也恢复了不少。当他走路或站着演讲时，只有肢体下半部及膝盖必须锁上撑木来支撑了。

罗斯福躺下来靠在枕头上，詹姆斯看到他脸上露出由衷的谦逊。

“你知道，詹姆斯，”他说，“我一生中只怕一件事——着火。今晚我想我又开始害怕一些其他的事了。”

“怕什么呢，爸爸？”

“我只怕我没有力量来做这份工作。今晚你离开我之后，詹姆斯，”他继续说，“我将祈祷，我要祈祷上帝帮助我，赐我力量，指示我做这份工作，并且做得正确。我希望你也为我祈祷，詹姆斯。”

詹姆斯什么也没说就退出去了。富兰克林·罗斯福闭上眼睛，他需要上帝，现在比以前更需要。因为他必须独自——完全独立地面对他的新差事。

罗斯福现在不属于他自己了，他必须比以前更注重自己的健康，因此，在选举日和就职日之间（在那个时代就职要到3月才举行），他可以到温泉谷度两次假。他第一次是为了过感恩节而去那里，他在一张大餐桌上愉快地做主人，为病患及客人们切开一只大火鸡。爱伦娜坐在他旁边，笑着看他在所有的赞美声、特别是女士们的赞美声中有多么高兴。

罗斯福总是能够使房间充满欢笑。既然他是美国总统了，洋溢在温泉谷的兴奋之情也是不可同日而语的。在他的感恩节之游及1月底之游期间，全国各阶层的大人物都来拜访他。他们来讨论他新内阁的人选、对付经济萧条和失业问题的方法以及正在发展中的银行危机。

在此之间，罗斯福知道他的别墅不再合适他以总统的身份居住了，于是他计划开始建造一间较大的住所，那就是今日众所周知的“小白宫”。1932年“小白宫”便盖好了，它坐落于基金会所在地后面松山的斜坡上，是一栋简单的殖民地式的白色房子。房子里面是素色的松木墙壁，所有的房间都不大。起居室和餐厅合在一起，一端是石头壁炉，另一端是餐桌和椅子。罗斯福对船的爱好被自然地表现于屋后的玄关，那是个呈半圆形、像一只船的扇状甲板似的房间，从那儿他可以远眺他喜爱的松树林。另外，他在附近建了一幢客房别墅，让访客们能够有完全的隐私。他当选为总统后，情报机构的一群工作人员就在这地方四周的丛林中秘密布下了岗哨。

被派来保护罗斯福的人常会遇到麻烦，因为只要一有机会他就喜欢用狡猾的计谋来骗他们。他有一辆经过特别设计的福特车，车里的每样东西都是用手控制的——离合器、刹车和加速器——他可以自己开车到乡下转转，没有任何事比突然开车离去更使他觉得有趣了。他很喜欢在别人知道他要去哪里之前

知识链接

感恩节

感恩节是美国和加拿大共有的节日，由美国人民独创，原意是为了感谢上天赐予的好收成。在美国，自1941年起，感恩节是在每年11月的第四个星期四，并从这一天起休假两天。加拿大的感恩节则起始于1879年，是在每年10月第二个星期一，与美国的哥伦布日相同。像中国的春节一样，在这一天，成千上万的人们不管多忙，都要和自己的家人团聚。

罗斯福任总统时的办公桌

就离开他们的视线。等他们终于再发现他时，他就哄然大笑。

罗斯福时常为由于他的当选而使安静平和的温泉谷有所改变感到遗憾，对于必须让别人来肩负起管理温泉谷的责任，他也同样感到抱歉。但是现在贝索·欧克那对这计划已经有了像罗斯福一样的信心，虽然他们不再是律师合伙人了，但他们仍然可以共同为征服小儿麻痹而努力。

罗斯福时常梦想在基金会的土地上建造一座美观巨大的四方形防火砖建筑，也梦想着古老的麦瑞威勒成为现代的建筑，那个梦现在就要实现了。温泉谷的诺门·威尔逊医院已于两年前竣工，是用以前的病患及他们的朋友所筹集的基金建造的，并且以其中一位病人的名字命名。佐治亚馆已经在计划的阶段，也将用佐治亚州居民筹集的基金来建造。

富兰克林·罗斯福答应自己会尽可能常常回到温泉谷，然后他就为了就职而前往北方。

百日新政

1933年3月4日早上，罗斯福一家开车行驶过首都街道，向祝福他的民众挥手致意，到离白宫不远的十六街上的圣约翰主教教会去做礼拜。

然后，罗斯福站在伍德洛·威尔逊曾经站过的地方，将手放在荷兰印的家庭用《圣经》上宣誓就职。那天的天气阴沉而寒冷，好像要下雨的样子，

※华盛顿景观

恳切的人们充满绝望和沮丧地仰头注视着他。美国的经济濒临崩溃和混乱的事实对任何人来说都已不是秘密，民众中有许多人是饿着肚子的，他们不知道什么时候才有下一顿饭吃。工厂仍然不断倒闭，银行也相继关门。除了对这位即将说话的人外，他们的希望已经无以寄托了，这位即将说话的人也知道这个事实——

值此我就任总统之际，我的美国同胞们肯定期望我以我国当前形势所要求的坦率和果断来发表演说。现在的确是到了坦白而勇敢地讲明真相，讲明全部事实情形的时候了。

他看到民众脸上的绝望开始消失，于是继续说道——

我们的首要任务是给人们工作。只要我们明智而勇敢对待它，这并不是无法解决的问题。这个任务通过政府直接征募人员可以得到部分完成，就像我们应付战时紧急状态那样，同时通过雇佣这些人员来完成急要工程，以促进和改革我们对自然资源的利用。

人们的脸孔开始舒展、微笑了，他又说下去——

对于给予我的信任，我将以顺应时代的勇气和忠诚作为回报。我决不辜负众望。

罗斯福说到了"行动"，其实那就是他的本意。他已决定了他的内阁成员：田纳西州的柯德雨·哈尔将任国务卿；海若·艾克斯任内政部长；亨利·华乐斯任农业部长；法兰西斯·柏金斯任劳工部长；詹姆斯·A·法利任邮政部长。

他在当政期间聚集了一批为他效命的专门人才，法兰西斯·柏金斯便是其中之一。其他分别是哥伦比亚大学教授雷门·摩利及同一所大学的农业专家雷克斯福特·G·塔哥韦及公司法教授阿道夫·A·伯利。此外，撒姆尔·罗

※1933年罗斯福实行新政，纽约举行的大游行

生门、亨利·华乐斯、贝索·欧克那和财政专家伯那·白陆奇、小亨利·莫根德以及一位格罗顿的毕业生爱金逊训导长等都是他的好帮手。

他们不是像人们想象的那样在政府中可以找到的一般人物，一般人根本无法提出解决美国窘境的办法。因此，罗斯福以他惊人的想象力和冒险精神去尝试用另一批人。他试着用学者专家，例如经济学家、律师、农业学家以及了解政治理论的人。他们变成他身旁的咨议会，不久他们便以“智囊团”而闻名。

罗斯福和他的内阁成员以及智囊团共同努力了一段漫长而艰辛的时光，就职典礼之后，华盛顿就真的渐渐恢复了以往的景气。

富兰克林·罗斯福开始执政的几个星期被现在的历史学家称为“百日新政”。在1933年3月9日至6月16日这最初的一百多天里，他向国会提出了十五条新的法律，全部都是针对国家所面临的最紧急问题。民主党员在两院都占多数席位，因此罗斯福能够得到最好的合作。

那些法律中的第一个就是最令人吃惊的《紧急银行法案》。他知道逐渐高涨的经济恐慌会造成银行的大规模溃败，并且会破坏币制，于是在就职两天之后便宣布银行放假而关闭了所有的银行。此后三天他就提出了新的法律，使银行在更稳固而健全的经济基础上重新开门。

三月末，他成立了平民保护团。这个团的组成者是那些贫穷的年轻人——他们在国内各地无望地闲逛，攀附在运货火车的栏杆上，过着像流浪猫似的生活，或者陷入犯罪之中。罗斯福给他们安排了工作，让他们去重新整理那些被忽视的公园和曾经是森林的荒地。他派了一位森林专家来管理这个计划，不久就有超过二十五万的年轻人来到保护团。他们在空地上工作，自己赚来的钱可供他们生活，还可寄点回去给他们的家人，同时，工作也恢复了他们的健康和自尊。他们中的许多人以前从未离开过贫民区，对于美国有多大的空间和多新鲜的空气毫无概念。最后他们种了两亿棵树木，为了防止土地受到侵蚀，他们建造了灌溉水坝、修复了国家公园，并且用鱼和游戏设备去再次充实它们。

“百日新政”期间另一项著名的法律是《联邦紧急救济法案》，就是赶紧通过财务手段援助各州来帮助饥饿的人们。罗斯福任命亨利·霍普金斯为这个工作的负责人，他曾在纽约州为罗斯福做过同样的工作。这是个不讨好的差事，霍普金斯因此变成了美国最不受欢迎的人物之一，但是他却证明了自己是做这份不讨好的工作的最佳人选。

霍普金斯想到前面漫长而寒冷的冬天将要来临，根据多年来从事社会福利工作的经验，他知道用施舍的态度去助人简直是对人的羞辱。于是他创造了一个公民劳工管理局，到11月他就已经安置了四百万失业人口在全国各地工作。公民劳工管理局政府建造了铁路、学校、游戏场、下水道和新的公园。政府还为学校聘请老师来教授成人教育课程，并请作家写下这个国家中的每一州最重要的历史。

罗斯福有一种特殊的才能，他能让一个人对他的工作感到热衷和兴奋，并且自愿为它鞠躬尽瘁死而后已。他知道这一点，所以他完全发挥了自己的才能去完成这个以前没有一位美国总统曾经面临过的苦差事。

※罗斯福总统就职演说

"我们正在使经济活跃起来。"他告诉美国民众。

《农业调整法》中授权总统以全国为基础来计划保持水土和保护农作物及农产品，这个法案日后引起了许多争议。

引起最激烈争论的计划是创建田纳西流域管理局。像往常一样，罗斯福勇往直前而无视于他对手们的阻碍，因为他在温泉谷外围的汽车旅行中看到了那个贫瘠而荒芜的盆地。

田纳西河发源于大斯茅克的纳克斯维尔附近，向西南流入阿拉巴马州，再向西穿过阿拉巴马州的北部，最后向北汇入俄亥俄河。在阿拉巴马的西北角，一处浅而多石的急湍从它之上翻腾汹涌地穿过而形成了马索浅滩，浅滩上有一大堆黑壳蚌类附着在岩石上。

在选举日和就职日之间，罗斯福写信给尼布瑞斯卡州的乔治·诺里斯参议员："我暂时答应，在我到温泉谷的路上会去看看马索浅滩。"

诺里斯是来自尼布瑞斯卡的自由派共和党员，他为了使国会通过

知识链接

罗斯福实行新政

富兰克林·罗斯福在1932年参加总统竞选期间许诺将实行为美国人民着想的“新政”。在他担任总统几天后，政府机器就开始运转了，以恢复受大萧条打击的美国经济。从3月至6月，在被称为“百日新政”的时间里，国会通过了大量新动议。在这些措施中，有被总统称为“美国国会历来颁布的最重要和影响最深远的立法”的《全国工业复兴法》，根据该法令设立了一个国家复兴执行机构（NRA）。

1933年9月，在纽约举行了一次盛大的游行，庆贺这一机构的工作。国家复兴执行机构订立了工商业实施法则，禁止雇用童工，限制工作时间，规定最低工资，给予雇工集体提出条件的权利。几周内，数千家企业展示了国家复兴执行机构的“蓝鹰”徽记，附带着它的座右铭：“NRA——我们尽自己的本分。”

马索浅滩水坝及洪水控制计划法案而奋斗多年。柯立芝总统否决了他第一次提案，胡佛总统又否决了第二次。

罗斯福真的像他承诺的那样前往了这个地方，并且不止一次。除了荒芜土地上的恐怖贫穷之外，他什么也没有看到。在表层土被河床泛滥的洪水给冲走之前，土地上的树木就都被砍光了。他和诺里斯参议员进行了诚恳的会谈，开始想象对整个盆地做广泛地改造，如水坝、开发便宜的电力、重新造林、复苏农地、修建造价低的住屋、增加新的地方工业和新的农作物，也就是使那里的民众工作、健康、快乐……

诺里斯参议员从没有过这么大规模的梦想，他为这民不聊生的地方以及美国所有其他这类地区睁大了眼睛、充满希望地期待着。

“这是白宫所签发的最美好、最为人道的文件！”他说道。

并非每个人都赞成诺里斯参议员的主张，那个地区有些私人电力公司便大声宣称政府无权与私人企业竞争。理论上他们是对的，但是罗斯福已经对他在温泉谷为电灯及其他电力所付的过高税率深感不满，而那些电力又都是由同一家电力公司所提供的。他们因为没有竞争而索要高价，并且漠视了他们对

于接受服务的人们所该负的责任。

有关的电力公司雇了一位律师——民主而聪颖的温德·威尔基，他在对抗TVA计划的争论中为他们雄辩。威尔基是一家南方公司的董事长，那是个从事公共事业的公司，在田纳西盆地有一些资产。威尔基曾经是民主党党员，他在许多方面都很像罗斯福：自由主义者、金嗓子演说家、做事从未半途而废。罗斯福和威尔基是旗鼓相当的对手，威尔基把这场争斗由法庭提高到美国最高法院，因而使他自己的知名度提高而受到民众的欢迎，以致最后出来和罗斯福竞选总统。但是罗斯福赢了TVA之战，而这个计划也真的救了这个盆地。

八年后，爱伦娜·罗斯福因负责她先生的旅行并为替他视察而来访这个地方。

“很难找到一个比这里更繁荣的地区！”她说。

7月，美国根据另一个银行法创造了联邦银行储蓄保险公司，保障个人银行存款的安全，保障金额高达五千美元。

在罗斯福第一个任期的最初百日，他和国会所进行的十五个计划中最受欢迎的就是NRA（全国复兴管理局）。NRA差不多概括了其他计划所没有包括的每一件事，其中另有一些事情则是其他计划中也有的。

NRA以大规模的宣传、游行、巨型海报以及展示它的象征——印有蓝鹰的大旗开始。它要求工业界采行一项制度：缩短工时、提高最低工资、为工人办团体交涉，并且禁止工厂雇用童工。它还要求那些长期工作者每星期放假一两天，让一部分失业的人可以有半天的工作。所有采用NRA制度的雇主都将一个蓝鹰标签贴在窗户上，然后政府再要求消费大众赞助那些商店。此外，在NRA之下，政府拟定了更多的公共工厂计划，为人们制造了更多的工作机会。

美国人民以极大的热诚将NRA铭记在心，它使其他所有计划都更有成效，而那些计划则使得美国的经济慢慢地爬升，人们相信，美国一定会从经济恐慌的深渊中爬上来的。

经济再度活跃，罗斯福在竞选中所被寄托的期望不断增高。

爱伦娜继续做他的双腿，替他到全国各地旅行，视察那些仍需改进的情况以及已收到的成果。她从不会在某些场合显得过于高雅，如在肮脏的贫民窟、烟熏的煤矿区、农场或鱼货码头等地方。

“她不突出，”一位缅因州

渔夫说，“她没有盛装，也不怕说话。”

爱伦娜·罗斯福做第一夫人时也像她先生做总统一样打破了许多陈腐的传统。她使白宫成为一个温暖、非正式而友善的地方，在那里孩子们和狗都可以自由地跑来跑去，访客们也都觉得很自如。罗斯福继续当着他的快乐乡绅，爱伦娜也没有时间去做赶时髦的人。如果一位同事对她说：“罗斯福夫人，那不该是第一夫人做的！”她会回答：“现在是的。”

跟他们一起住在白宫的是他们最亲近也最信任的助理们，莫维娜·汤普森仍然是罗斯福夫人的私人秘书，路易斯·何威则是总统的私人秘书兼亲信，爱乐·韩德小姐和葛丽丝·杜丽则负责总统大部分的信件。杜丽小姐负责较大部分的听写，而爱乐·韩德小姐则做分类和计划。史蒂芬·俄利处理罗斯福的公共关系，马文·H·麦因泰则安排总统的约会。

罗斯福总统每天早上十点以前开始工作，整天忙着开会和与各种人士会晤，那些以为自己是跟病人在一起工作的人发现他们自己反而比总统还要更早感到疲倦。傍晚时，葛丽丝·杜丽会抱着一大堆等候回复的信件到办公室来，他就开始跟她谈话。

“那是我们要做的全部吗？”他充满希望地问道。

“不，先生，”她回答，“这只是我所能拿的全部，还有更多的信还没拿来呢！”

吃过饭后罗斯福继续开始工作，他时常在睡觉之前阅读最后的几封信件。

对罗斯福的活动最有发言权的贴身随员是海军中将罗斯·T·麦因泰，他是总统“御医”，负责总统的健康，几乎每天早晚他都要为总统做检查。总统无论到国内还是国外，他都随侍在侧。他像其他每一个人一样惊讶于罗斯福良好的身体状况，除了下肢的残跛以外，总统的健康情况正达到巅峰状态。

富兰克林·罗斯福是一位比较年轻的美国总统，他在白宫过的第一个生日是他的五十二岁生日。他决心将这次生日奉献给残障儿童，因此，1934年1月30日为他所举行的第一次生日舞会就是为了替佐治亚温泉谷基金会筹募资金。在美国的城市和乡镇中有超过六千个这类的团体。罗斯福在白宫的主要机构里，通过广播跟美国人民说话——

“只有在最近几年我们才了解到残障儿童问题的真正意义，残障儿童的数目比我们所想象的要多许多。在很多地区更有数千人不但得不到任何帮助，甚至他们的存在都不为医生或保健中心所知……至于你们所知道的，温泉谷的工作是我心之所系，因为成百上千的小儿麻痹症患者在那里接受治疗。小儿麻痹比其他任何原因都更易导致儿童与成人的残疾已是不争的事实。温泉谷是给予许多残障者亲切、耐心和技巧的地方……

“由今晚给予基金会的捐助，温泉谷将能拓展它的效用使之遍及全国，特别是在治疗小儿麻痹方面……没有一个人从他的朋友和同胞那里得到过比你们今晚所给我的还要好的生日礼物。我以尊敬和感激之心接受这份礼物，并要将它转致全国这个大家庭中那些被病魔击倒的人们。我感谢你们，但却无法表达我是多么珍惜你们所做的一切。在我所过的最快乐的生日这天，我向你们各位道晚安。”

那并不是自从他当选总统以后的第一次广播谈话，绝对不是。从他就任的那一刻起，他就遵循着他做纽约州州长时所立下的规矩——直接跟人民谈论他们自己的问题。现在他称他的广播谈话为“炉边谈话”。第一次关于银行危机的谈话是在他就任后不久，他用最简单的语言来解释最困难的问题。7月，他解释NRA；1934年1月他为残障儿童提出请愿；同年年底之前，温泉谷的麦瑞威勒旅馆——一个古老的易着火建筑——被拆除，改建成两所新的宿舍建筑，那就是克瑞肆勒新馆及别德馆，并增加了许多职员以便照顾更多的病人。

科学家们在研究疫苗以防止小儿麻痹方面开始有了进步。现在他们已经确定小儿麻痹是由一种滤过性病毒造成的，但是他们在显微镜下仍然看不见它，也不知道它是如何从一个人身上传播到另一个人身上。在纽约大学工作的莫里斯·布鲁代博士用已死的病原体研制出一种疫苗；费城坦波大学的约翰·柯摩则研制出一种含有活病原体的疫苗；参与研究的医生们对于使用死的还是活的病原体所制作的疫苗展开了激烈的讨论，这种讨论继续了好多年。但是在1934和1935年，两种疫苗都分别经过许多次试验之后，医学界认为没有一种可以安全地使用，因此，必须开展更多的研究。

罗斯福坐在轮椅中，当他因为自己的知识不够而无法帮助一个罹患小儿麻痹的儿童时，他能够了解作为一个医生所感到的挫折。

他自己也有挫折感。经济恐慌正在消除之中，但是消除的速度还不够令他满意，孤立主义者的态度仍然不可能使美国进入世界组织以维护世界和平。他必须像实验室中的医生一样忍耐并坚持，而且要满足于任何地方的任何一点进步。

他当政只有几天后便宣布发行一种特殊的邮票，来纪念乔治·华盛顿在纽伯夫所作的殖民地和英国和平宣言已历时一百五十周年。

“在我所搜集的邮票中，”他写信给邮政局长吉米·法利，“我最感兴趣的历史性邮票便是纽伯夫纪念邮票。”

在他的第一个总统任期中，最感人的演说之一是在某个休战纪念日于阿灵顿国家公墓所做的：

“我们不能也不应该在我们自己周围树立藩篱，不应该把我们的头埋在沙里，我们必须鼓起一切力量勇往直前，为国际和平去努力奋斗……

“国与国之间的猜忌继续着，各国的武器军备增加着，破坏世界和平的野心国家向前冲刺着。但是我可以给大家一点可以增加信心的消息：美国与加拿大之间新的互惠贸易协定刚刚签署完成。我希望这个好的典范有朝一日能够普及世界各地……作为一个国家，如果我们能够成为贡献各国间友谊、和平与安宁的典范，那么我们这些年来的努力才没有白费。”

※1935年罗斯福带着孙女萨拉在华盛顿乘车时摄

新政遭反对

罗斯福总统有充分的理由关切世界和平，因为全欧洲又将再度变成武装阵营了。自1933年出任德国总理的阿道夫·希特勒日渐强大，他是个残忍而黩武的人；伯尼多·墨索里尼也正逐步将意大利君主政体转变成独裁政权。在地球上的另一边，日本从1931年起便武装侵略中国，并在中国东北地区建立了伪满洲国。1933年，罗斯福向五十个州州长发出私人信函，力劝他们切勿采取武装侵略，且应遏制军备计划。在日内瓦召开的六十国裁军会议亦毫无收获。罗斯福于1934年向国会提案，极力主张美国加入国际法庭，但是参议院却不顾他和哈尔国务卿所做的一切就把它否决了。

※希特勒

1935年春天，纳粹德国开

名人名言

我们的立宪体制不愧为现代世界所产生的最稳定持久的政治结构。它经受了领土大扩张、对外战争、痛苦的内乱和国际关系的考验。

——罗斯福

始不承认《凡尔赛条约》，他们开始征召年轻人以组织一个新式的大型军队。那年秋天，意大利借故向埃塞俄比亚挑衅而展开军事侵略，几个月后埃塞俄比亚就被吞并了。

当时美国国外的形势一片黑暗，而国内的处境也没有应有的明亮。总而言之，经济恐慌还没有被完全克服，社会上仍然有数以百万计的失业人口。

1935年初，罗斯福总统、他的内阁成员和专家们起草一整套新的失业救济法案，这个法案由国会颁定，他希望这个法案的施行能够减少三百五十万的失业人口。法案中有五十个机构，其中最知名的是工厂进步管理局，由亨利·霍普金斯负责；公共劳工管理局，由海若·艾克斯负责；全国青年管理局以及乡村电气化管理局。

在欧伯瑞·威廉斯领导下的全国青年管理局为中学生及大学生提供半天的工作时间，这使他们得以继续完成学业；还为失学的闲散年轻人提供职业训练及工作机会。罗斯福坚决主张联邦援助计划要适用于每一个人，不论他是属于任何种族或党派。他任命民主而有魄力的玛丽·麦陆德·伯素恩来负责NYA的黑人部门。

1935年5月11日，罗斯福在温泉谷小白宫的办公桌上签署了总统命令第7037号——建立乡村电气化。这是关于乡村地区电能生产、传送和分配的计划，这个计划不但能创造更多的就业机会，并且能降低乡村高额的电价，此外，更能为没有任何电力供应的广大地区提供电力。

同年夏天，经罗斯福签署而生效的法案还有《华格纳劳工关系法案》和《社会安全法案》。

罗斯福总统和国会像奔腾的马匹般努力向前冲刺，看到他们所发动的一切计划和实验使经济不景气的情况得到了改善，人们简直兴奋得不得了，突然，一个遏止进步的障碍使人们愣住了！美国最高法院宣布全国复兴管理局不合宪法规定，对它的否决是全场一致通过的。对这项计划，几个星期前便有了裁决，但只是针对NRA的一部分，然而这第二次裁决将导致整个计划的停顿。最高法院宣称，国会无权授予这么多的权限给总统，联邦政府也无权在调整工业上管得那么多。罗斯福愣住了！现在他新政计划中最重要的部分被勒令停止了，接下来的最佳构想——最低工资、最高工时以及禁止工厂雇用童工也都被停止了。

最高法院则是站在另一个角

度来看待这件事的，他们提醒罗斯福，美国政府是采用三权分立制：立法机关——国会制定法律；行政机关——总统执行并实施法律；司法机关——法庭审核制度、裁决法律。政府的每一部门都可以被视为另外两个部门的制衡机构，三个部门彼此互相制约，因此没有任何一个部门或个人可以对政府做全面的控制。

在罗斯福的记者招待会上，新闻记者发现他仍像往常一样优雅而迷人，言语中充满幽默的警句，对于他不愿回答的问题则随时以快速而机智的话语避开。其中一位记者问到有关最高法院对NRA的裁决问题时，他回答："哦，他们的生活仍然停留在马匹和四轮单座的马车时代。"真的，他们之中大多数都是七十岁甚至更老的人。然而，欧文·J·罗伯兹法官则只有六十岁。老年也并不一定要和保守倒退的观念并行。法官中最具自由思想的路易斯·白兰第斯就是美国年纪最大的法官之一。

更多的人开始向最高法院申诉，而法院也宣判了更多不利于新政的裁决。它否决了引起很多争论的《农业调整法》，但是另一方面，就在《农业调整法》被裁决之后不久，它被判决支持《田纳西盆地权限法案》，至此，温德尔·威尔基的长期奋斗终于做了个了断。

全国复兴管理局和《农业调整法》裁决的副作用使得国会更加独立。它被反对党称为"橡皮图章国会"。罗斯福知道，从现在开始工作的进行将会变得更困难了。

1936年的大选对罗斯福来说是另一件大事，这次他最亲近、最信任的朋友不再在他身旁了。路易斯·何威病了很久之后于最近逝世，然而，却没有一个人能够取代何威的地位。

当然，罗斯福先生再度被他所在的党提名，由吉米·法利负责他的竞选活动。他们到全国各个角落做乡区巡回演说时，罗斯福在广播中做了激励人心的演说——

在这次横贯全国的旅行中，我和农夫们谈过话，和矿工们谈过话，也和工人们谈过话；在这些谈话中，我听到一个如水晶般清晰可见的事实——他们是经济这个整体的重要组成部分，如果其他行业的人们在繁盛中失败，则那些农夫和工人们之中没有一个人能够在他所选择的职业中获得成功……

你在银行有存款吗？我们保证你的存款在今天要比它在历史上的任何时期都更安全。你是个投资者吗？

你的股票和证券将上涨到近六年以来的高水平。你是个商人吗?你的市场有了崭新且巨大的购买力。你在农场上的顾客们有了更多的收入和更少的负债，城市中的顾客们有了更多的工作机会、更稳定的工作、更好的工作……你在工业界服务吗?工业收入在最近四年、六年，甚至七年中都是最高的。破产倒闭工厂的数目已降到最少……

共和党提名堪萨斯州州长阿佛烈·M·伦顿来与罗斯福竞选，共和党竞选的目标是攻击所有新政的弱点。它称一长串的机构——CWA、CCC、TVA、NRA、AAA、PWA、WPA、NYA为“大杂烩”，意指这些机构多而冗杂。共和党员宣称这些计划中充满了毫无价值的工作。太多的美国人只想不劳而获，他们期望着政府支持他们。

共和党所提出的现象在许多地方却也是事实，有许多无聊的人或者骗子，他们只是为了取得工资而假装工作，这显然是一种浪费；有些人开始了工作计划却从不施行；有些人则希望坐享其成。人们的工作情绪陷入低潮，工作过程也缺乏效率。

但是，伦顿不能否认一个事实，那就是他无法和罗斯福在选民间的声望上竞争。当1936年10月中旬罗斯福的竞选火车到达芝加哥时，成千上万的人在火车站迎接他，差不多有五十万人想要挤进会场去听他的演说。

罗斯福回到纽约，在麦迪逊广场公园发表他最后的竞选演说。“为了这最后的演说，”他对仍与他一起工作的撒姆尔·罗生门说，

※堪萨斯州州徽

“我们要认真地辩论。”

罗生门深深了解他的意思。

那晚在讲坛上，罗斯福猛然将腿向上伸直，把撑木锁上。他站了起来，走到演讲台前，把头斜斜抬起，使下巴突出，然后开始说话。他看来从未如此精神焕发过——

将近四年来，你们的政府不是敲着桌子无所事事，而是卷起衣袖做了许多事情。我们将继续卷起衣袖做下去……当然，我们将继续为美国的工人争取改进工作条件——减少过长的工时、增加工资、禁止童工的雇用、清除工资低微的商店。当然，我们也会尽一切努力去终止实业的垄断、支持劳资双方的团体交涉、停止不公平的竞争、废除卑鄙的商业伎俩。对于这一切，我们现在所做的都只是刚刚开始！

罗斯福从麦迪逊广场公园返回海德公园投票，并跟他的家人和邻居一起等候选举结果。家里大约有五十位亲戚和客人，爱伦娜安排了一个自助晚餐。

从最初的统计表开始，罗斯福就知道他获得了压倒性的信任。他和朋友们拿着记事板和铅笔坐在收音机前统计着票数，他超过的票数节节升高以至他自己都不敢相信。最后他以获得比美国历史上任何其他候选人更多的选票而赢得了胜利。除了缅因州和维蒙特州外，每个州都支持他。

“哇！”他一面吐着烟圈，一面高兴地叫着。

“1936年的风暴！”这是新闻记者对这次选举的称呼。

这次，甚至罗斯福在格罗顿的老校长彼伯蒂也投了他的票。

“此刻再度宣誓就职美国总统，”他在第二次就职演说中说道，“我愿肩负起这庄严的责任，领导全美人民在他们所选择的道路上向前迈进。”

最初的信任导致了过分的信任，第二次就职之后不久，他便开始显露出对于最高法院的愤慨——因为他们裁决反对了许多他的新政措施。

每个人的个性都有两面，一面是讨人喜欢的，另一面则是不讨人喜欢的，罗斯福也不例外。他的残障加深了他讨人喜欢的一面，却也加强了他不讨人喜欢的一面，那一面就是不希望被人惹恼。无法整顿失业、劳工不安及整个经济恐慌而使他产生的那份挫折感增加了他对于不能自由走路而且需要许多人照顾所感到的挫折。最高法院只支持《社会安全法案》，但那是不够

※美国最高法院

的，一点也不够。

罗斯福没有跟任何人商量就秘密地为国会准备了一份咨文。在将咨文送到国会的同一天早上，他便召集了内阁成员及两院领袖，向他们宣读咨文。咨文要求高等法院进行修正及改善，但是它最重要的矛头是指向了最高法院的。罗斯福总统提议，所有最高法院的法官超过七十岁以后必须在六个月内退休，总统有权力派任新的法官（最多六名）以取代那些必须退休的人。如果这变成一条法律，就意味着罗斯福将能够立刻照他的意愿任命六位新的法官，因为现任的九位中有六位至少是七十岁，因此，他能够将法官的总数增至十五位。

在场的男士和女士都目瞪口呆地坐着，总统想使他自己成为一人政府吗？他当然知道他所提议的是多么危险的事！为什么他不给他们时间在周密的会议上来审查这件事呢？

各家早报立刻以总统要求权力、改革最高法院的通告来对此加以宣扬。当记者访问赫伯·胡佛时，他宣称那是“冻结”法院的计划。国务卿柯德尔·哈尔和劳工部长法兰西斯·柏金斯都反对这个措施，但是他们都没有表示什么意见以免公开使总统难堪。他们所处的地位太敏感了，纽约州参议员赫伯·乐门则公开声言反对这个法案。

议论的风暴渐渐从各方涌起，

最高法院是最受全国尊敬的机构之一，是宪法的保护者，总统的这个提议真是骇人听闻！律师们、历史学家们和政府专家们都在广播中发表谈话或写专文评论。国会议员们开始收到数以千计来自选民的反对信件。

总统在一次“炉边谈话”中向人民解释了他的意图，经济恐慌绝对尚未结束，他说，全国有三分之一的民众仍然“营养不良，穿不好，住不好”。因而国家需要更多的法律来解决这些问题。“我所提出的这个观念一点也不新奇或激进……许多州的法律上、行政事务的惯例中、我们许多的大学和差不多每一个大规模的私人企业通常都把退休年龄定在七十岁甚至更少一点。”

这个议案被交付给两院的司法委员会，参议院司法委员会并于3月举办公听会。他们倾听律师、法官、国会议员、劳工领袖及商人的宣誓证言，听了好几个星期。许多过去与罗斯福交好的人都为了这件事停止和他交往，雷门·摩利更是公开声明反对这项议案，民主党参议员，例如蒙大拿州的伯顿·K·惠勒和维吉尼亚州的卡特·葛来斯也都表示反对，哈佛斯审判长也向委员会发出了一封抗议信。

公听会一直持续到夏天，从没有任何一个议案受到过比这个问题更为透彻的考虑和讨论。折中的建议不时被提出来，这个议案也逐步失败了。

4月，仍继续执行任务的最高法院宣判赞成《华格纳劳工关系法案》，这指出他们毕竟不是有意阻碍新政的推行。7月，威利斯·凡·戴凡特法官——最高法院年纪最大的法官之一——过了七十八岁生日并且宣布退休。这件事给了总统一个自然的机会来任命一位新的法官，当然日后还会有更多的机会。国会将在8月间休会，那也正意味着争论即将结束。

等到全国民众激愤的心情冷静下来之后，许多反对法案的人开始

※1937年罗斯福与次子艾略特在墨西哥湾钓鱼

感到罗斯福总统也并不是想要破坏政府的民主形态，但是他为未来的总统创造了任命法官的机会却也是不明智的。

此外，在美国还有一大堆劳工不安的问题以及某些地方的大罢工，甚至暴动，这些遭到批评的新闻事件也引起了公众的兴趣。

罗斯福已经开始极力主张以立法特别是建立最低工资和最高工时的法律，来取代NRA的某些条款，但是在国会休会之前他无法实现这个主张。

罗斯福毫无让步的意思，于是他做了一次全国性的旅行以视察各地的情况。商业复兴过程中的不景气于1937年开始，罗斯福一返回华盛顿便召集了国会特别会议，为他们解释他认为需要做的事情。急需进行的项目之一是他提出的工资与工时法案；另一项则是控制农作物，这么做，农作物的价格才不会因为生产过剩而被降低。失业人口的数目增加了，这个问题也必须面对。此外，他希望政府对于大的商业托拉斯和企业联营组织能有更多的监督。

罗斯福总统仍然是个能够同时处理许多事情的人。他仔细地观察着世界形势，当他应邀在芝加哥外车道桥发表演说时，他要求和侵略国家断交，他说：

世界上百分之九十的人口的和平、自由与安全正被其余的百分之十危害着，那百分之十的人以破坏整个国际秩序和法律来对他人加以威胁。当然，那百分之九十的人想要在法律保障下生活在和平之中并依照几个世纪来广为接受的道德标准行事，那么就必须找出一些方法使他们的意愿得以达成，这个趋势的确是全球性的。

长久以来，罗斯福已经知道如何从演说中去感知听众的意向，他断定美国人已渐渐了解到他们真的无法脱离世界上其他国家的人而孤独存在，他继续说道——

世界性的不守法正在蔓延，这是个不幸的事实！不管是经过宣战还是不经宣战都是一种恶风。它会将人民和国家带入早先那种关系淡薄的情况。我们决心远离战争，因为我们无法对战争的悲惨结局以及涉入战争的危险有所交代……在爱好自由的国家中，它本身向往自由的意愿必须被充分表现出来，那些企图破坏自由和别人权利的国家将会受到坚决的打击而无法实现他们的意愿。我们必须积极努力地来维护

和平，美国憎恨战争，美国希望和平。因此，美国应积极从事着寻求和平的活动。

而当时离威尔逊为国际联盟发出的英勇呼吁已经过了许多年。

虽然罗斯福倡导和平，但是有一个战争却是他想要发动的，那就是发起全面战争来对抗小儿麻痹。1937年秋天，他和贝索·欧克那开始共同努力创建今天的国家基金会，不久罗斯福便向新闻界宣布，这个组织将对抗小儿麻痹的三个阶段：病发前、病发中及病愈后。它将全力以财务来资助研究机构，以便他们可以努力认识这个疾病并找出防治的方法，它要帮助医院给那些新患小儿麻痹的人更好的照顾，它要继续在温泉谷的复健治疗并资助美国其他各地类似的复健中心。

1938年1月3日，新的国家基金会被改为财团法人形态组织，贝索·欧克那任董事长，摩根已经跟温泉谷有过联系，他在基金会任执行委员会主席，他们希望能够在纽约市国家机构的监督下在全国各地建立地方分会。

罗斯福想继续将他生日奉献给小儿麻痹之战，基金会决定把目标

※奥地利城市景观

放在小额捐款人身上。在经济恐慌期间，大额的捐赠少之又少，人们送来的都是硬币，有时甚至只有一分钱。推广的工作被指派给加州的一群专家，那一群人中最知名的是爱迪·肯特，他是各地小孩子们的朋友。他主张做一次广播呼吁，因为他最近才为救济洪水罹难者募集了一大笔资金，而在那之前他们只作了一次三十秒的广播。

“我相信，”他说，“全国的广播节目都会为这个伟大的动机奉献他们的三十秒钟，让人们把钱直接送到白宫。”

许多人都赞成这个提议，但是活动必须有一个口号，一个生动的观念句子来为这个呼吁做宣传。爱迪·肯特开始来来回回地踱步。突然，他大笑着说：“我们可以叫它‘一人一分钱运动!’”

负责筹划的人立刻采用了这个主意，罗斯福听到这件事也很高兴。

第一次的“一人一分钱运动”开始于1938年1月30日。

白宫通常每天收到将近五千封信件。但是，这个呼吁提出后的第一天白宫就收到了一万三千封信，而装满一大堆信件的邮车还在不断到来。不久便有个笑话在白宫内传开——没有人找得到公务信件。

突破过去一年来所有的批评之后，罗斯福总统发现现在这些反应真的是令人感到非常的欣慰。

同年夏天，第一次的研究补助金被注入各大学、医院和其他职业团体，对抗小儿麻痹的战争还在继续进行。

然而，真正战争的风云也在世界各地蔓延，侵略国变得愈来愈大胆。就在1937年12月，日本轰炸机击沉了美国炮艇“波内号”；1938年3月，德国侵犯且吞并了奥地利；同年秋天，希特勒向捷克斯洛伐克挑衅，不久又强索捷克斯洛伐克北部的苏台德地区；英国首相尼维尔·张伯伦亲自到伯契泰斯葛顿和希特勒进行洽谈，此后，又有一个会议在慕尼黑城召开，出席者有希特勒、张伯伦、墨索里尼及法国的爱杜·达拉第。他们都要求捷克斯洛伐克“为了世界和平”而放弃苏台德地区。

1939年10月，罗斯福向国会提出了他的年度咨文，其内容大部分都是关于战争的。他要国会及美国人民了解“新的暴力哲学就是包围他人的领土而使之成为自己的领域”。于是国会通过了一条《中立法案》，禁止出卖军火或贷款给交战国。但是罗斯福仍希望他们开始认真地考虑本国的防御设施状况，

※时为德国总理的希特勒

这便意味着赋税将有所提高。

通过《慕尼黑协定》就可以知道，希特勒的话是不足以相信的。他无视自己的担保——不索取更多的领土，没多久就吞并了捷克斯洛伐克全部领土。整个世界都在恐惧中紧张地等待着，显然波兰就是他的下一个目标。奥地利没有反抗，捷克斯洛伐克也没有抵抗，但波兰却反抗了希特勒，这便成为希特勒开始侵略的借口。他开始轰炸华沙城。英国和法国曾向波兰保证，如果波兰遭受侵略，他们将以武力支持波兰，因此，两国都向德国宣战，第二次世界大战便由此开始。

1939年9月3日，富兰克林·罗斯福总统在广播中发表讲话：

直到今天早上四点半，我都寄望于某些奇迹能够阻止欧洲的破坏性战争并且导致德国对波兰侵略的结束。……每一个人都要最仔细地分辨新闻与谣言。

但愿没有一个人会因误解或不小心而谈到美国将派军队到欧洲战场。此刻，美国准备了一份中立的宣言书……我说过不止一次，我了解战争并且憎恨战争！我一再重复地这么说，是因为我希望美国远离战争，我相信这是做得到的。我一再向你们保证，政府的每一分努力都会是朝向这个目标的，只要是在我能力范围内所能防止，美国就将不会丧失和平。

现在他开始体验到伍德洛·威尔逊的痛苦了。

※和平年代的波兰城市一角

战时领导人

1939年，战争的事件充斥着欧洲。希特勒攻击波兰以前，曾跟苏联签订过一项互不侵犯条约，因此德国可以不必顾虑东边。

法国及英国都尽其所能地快速动员武装，但是希特勒的军事力量似乎是无敌的，他的军队向外扩展占据了挪威、丹麦、比利时及荷兰。法国经瑞士到比利时建了一条很长的防御线叫作“马其诺防线”，但是德国军队像洪水泛滥般在防线周围冲撞，最后终于冲进了法国北部。

英法联军大约四十万人在敦刻尔克沿岸被德军围困了整整一个星期，当敌军的炮弹在他们四周爆炸

※现在的荷兰

时，英国在尽力对他们给予保护，每一种船——划艇、帆船、渔船以及任何可以漂浮的东西都穿过英吉利海峡赶去疏运士兵。

法国在6月中旬投降，纳粹军队进占巴黎，横扫法国。意大利以轴心国成员的身份加入战争，于是战争扩展到了北非。“英国之战”开始了，飞机几乎每晚都轰炸英国的城市。日本也加入了轴心国的阵营。

罗斯福开始将他所能请到的最能干的顾问召集在自己身边，许多高级商业经理人自愿每年只拿一块钱的薪水而为他效劳。总统任命亨利·L·史丁逊为他的陆军部长，史丁逊在第一次世界大战前就曾担任此职。此外，罗斯福还让曾经是新政敌手的法兰克·纳克斯当海军部长，亨利·莫根德一直任财政部长，柯德尔·哈尔则几乎在罗斯福当政的期间一直都担任国务卿的职务。

差不多同时，温斯顿·丘吉尔取代了尼维尔·张伯伦担任了英国的首相。

1940年是个在世界大势的压力之下的竞选总统年份，紧接着，敦刻尔克大撤退及法国失势之后，共和、民主两党都将召开竞争激烈的大会。

6月的第三个星期，共和党员在费城聚会，四位主要的提名竞争者分别是纽约州的汤姆斯·E·杜威、俄亥俄州的参议员罗伯·A·泰伏特、印第安纳的温德尔·L·威尔基以及密歇根州的参议员亚瑟·H·温德保。第一次宣誓投票后他们的次序是杜威以360票领先，威尔基以105票居第三。

作为新政反对党的领袖，威尔基的知名度自从TVA之战后就如雪球般地增大。他常在广播中向广大的听众演讲，每当他和另一位演讲者争辩某个国家问题时，通常都能击败对手，他无疑是个优秀的人才，具有广博的见识和充分的勇气。他在大会上的超过其他候选人的票数不断增多，随之而来的激奋之情也跟着增加，每次投票时他的票数都有所增加，到第六次投票时他就获得提名了，直到最后他成为名册上的第一名。

民主党全国代表大会于1940年7月在芝加哥召开，此前几个星期，所有人都在谈论着罗斯福是否能第三次连任的事，这种事情以前从未有过。因为美国第一任总统乔治·华盛顿本人创立了拒绝第三次连任的先例。

但是威尔基是不易打败的，而罗斯福也是民主党内最有实力的候选人。当许多人了解到美国正在第二次世界大战边缘摆动时，罗斯福很快就会在其他世界领袖的影响下也成为一位世界领袖。

富兰克林·罗斯福是西方世界的领导人物，是他以自己的外交手腕赢得了与戴高乐的合作；是他为丘吉尔和斯大林寻求出和平解决他们之间问题的办法；是他以卓越的眼光和甘愿奉献的诚心去正视横亘在和平之前的危险；是他思索着那些问题该如何对抗。他在夏威夷时，一个四十四国联合预备会议在新罕布什尔州的布莱顿树林召开，目的是研究解决战后世界的银行及金融问题。于是，在布莱顿树林建立国际银行的计划被拟定了，这是将世界商业再度带动使之正常运转所急需的第一步，罗斯福也使得这一步的完成成为可能。

之后召开的是次月在华盛顿的顿巴敦橡园的会议，有来自中国、苏联、英国及美国的外交官们在此起草《联合国宪章》草案。他们的异议并没有完全消除，但是罗斯福估计他们仍然能够达成百分之九十的协议。

顿巴敦橡园会议之后，罗斯福又赶往魁北克出席另一个与温斯顿·丘吉尔的会议。

11月，他得到美国人民信任投票的压倒性胜利，选举日之后不久，他便前往温泉谷休息了一阵。他太疲倦了，虽然从麦因特上将和其他五位咨询医生所做的全身检查中都指出他的健康处于极好的状态，但是他却瘦了好几磅。自从美国参战后，他就很少去温泉谷了，1942年整年都没去，1943和1944年都只去了一次。

但是目前罗斯福的家人不同意医生对他健康的乐观看法，当詹姆斯为了就职典礼而回到他身边时，他被父亲的外貌吓了一跳。罗斯福把一只手放在大儿子的手臂上，他承认要独立完成典礼是有点困难。然而，当他们父子促膝而谈时，总统也说他唯一担心的就是下一次的“三巨头”会议。他想去出席会议以协助形成公正而持久的和平。

“我们能够，并且我们将会获得这种和平，”他在第四次就职演说中说道，“我们知道我们无法离群独居，我们的福祉仰赖于其他远方国家的福祉。我们必须活得像人，而并非像鸵鸟，也不是像坏家伙。我们要学习做世界的公民，人类社会的成员，这是个简单的真理。”

“三巨头”会议于1945年2月在位于苏联南部黑海的克里米亚半岛海岸上的雅尔塔召开。罗斯福、

※罗斯福与爱犬

丘吉尔和斯大林在雅尔塔对许多领土分配及停战条件的问题达成了协议，为各国消除了一些异议，并且赞成派代表出席4月在旧金山召开的会议以建立一个"联合国组织"。

"亲爱的爱伦娜，"罗斯福写信给他的妻子，"我们已经结束了会议，我想会议是成功的，写这封信只是告诉你我们已经离开雅尔塔前往苏伊士运河，然后就会回家，但是我怀疑我能否在28日之前到家，我有点疲惫，不过真的还好。"这里的"我们"，这次还包括他的女儿安娜。

3月1日，罗斯福总统向国会发表演讲，报告了雅尔塔会议的结果。他做了一些他以前从未做过的事情，他坐下来说话以避免用撑木站着时所感受到的紧张。

为了储备出席旧金山会议时所需要的力量，罗斯福在温泉谷度过了一次"不公开的"假期，他于3月30日到达那里，法拉跟他在一起。许多日子来没有见到他的温泉谷的人们，发现总统看起来是那样地衰弱与疲倦，他们都对此感到很惊讶！但是松林里的空气、佐治亚的阳光以及在温水池中游泳几乎立刻就使他恢复了精神。

4月1日是复活节，那天早上他满心欢喜地前往基金会教堂去做礼拜。接下来的一个星期中，他回复信件、接见访客、谈论旧金山会议的计划以及在温泉谷的烤肉计划。11日，即星期三的下午，他撰写准备于星期五的杰弗逊日晚宴中发表的演讲初稿。

4月12日早上，他坐在壁炉前面，桌上摊着一份州报，他正在一面看报，一面工作。在房间的另一角，画家伊丽莎白·萧玛多福夫人站在一个大画布前面作画，她刚开始为总统作人物素描。她在他的肩上披了一条蓝色的斗篷。此外，她一再试着使他说话来捕捉他脸上不同的表情。

房间里还有其他的人，但是他们并没有分散总统或画家的注意力。他的表妹玛格丽特·莎克丽小姐正静静地坐在椅垫上进行钩织；他的另一位表妹罗拉·德拉诺小姐在插花；还有一位女仆在摆饭桌准备午饭。

突然总统用手紧握住他的前额，“我头疼得厉害！”他说。

莎克丽小姐听他这么说便抬起头来。

他的左手臂似乎要松弛了，头部向前低垂，接着猛然无意识地翻过椅把跌了下来。

两个表妹立刻冲过来扶他。

“叫警卫人员立刻去请医生！”莎克丽小姐对那位画家说道。萧玛多福夫人立刻跑了出去。

莎克丽小姐自己抓起电话，告诉接线生去叫医生，几分钟后，何华·布鲁恩医生便从医疗池那里冲了上来。

总统的侍卫和其他人将他抬到床上，医生迅速脱下他的衣服，尽其所能地对他进行治疗，然后对那些为总统担忧的人说：“是脑出血。”

罗斯福总统再也没有恢复知觉，病发后的一小时二十分钟他就去世了！

这个突如其来的消息把每个人都吓得不知所措。过了一会儿，他们便开始明白这是必然的结果。于是他们打电话到白宫、到国务院以及各大报社。

上飞机前往温泉谷之前，爱伦娜·罗斯福给她的每一个孩子拍了一封电报。

亲爱的孩子们：你们的爸爸今天下午过世了！他一直工作到了最后，就像他要你们做的那样。祝福你们！附上我们所有的爱。

妈妈

富兰克林·罗斯福的埋葬仪式和丧礼都是按照他多年前向家人表示的意愿安排的。先是在白宫，然后在海德公园村的礼拜仪式都朴实而简单。在哈德逊河盆地中长青树围篱的隐蔽之下，他躺在自己的土地——一片方形草地的中央上。

在小白宫桌上的文件中，有一份是他为杰弗逊日的晚宴所撰写的演讲稿。它的结尾几句是：

对于所有奉献自己而与我们共同努力谋求永久和平的美国人，我要说的是：我们对觉悟的唯一限制是我们对今日的猜疑。让我们怀着坚强而积极的信心努力向前迈进！